前半生拿得起，后半生放得下

蒋光宇 著

Jiang Guang Yu

辽宁人民出版社

作者简介

蒋光宇,《读者》《意林》《格言》等杂志的签约作者。

至2017年1月,已出版35本文集,其中的《小故事大道理》一书,被共青团中央学校部、语文报社、中文在线联合举办的"我的中国梦"——全国中学生读书征文活动列为推荐书目;发表、转载近7000篇次短文。

《厄运打不垮的信念》被选入苏教版《语文》教材五年级上册。

《希望与失望》被选入国务院侨务办公室和中国海外交流协会委托暨南大学华文学院,为海外华裔青少年编写的《中文》(初中版)教材第三册。

《把木梳卖给和尚》被选入人教版的教师教学用书,被长江文艺出版社选入《百年百篇经典微型小说》(1901—2000)。

有较多短文被选入大中小学的课外读本、作文素材和中、高考的模拟试题。

有较多短文被中央人民广播电台经济之声《新鲜早世界》节目和中央电视台科学教育频道(CCTV—10)《子午书简》节目选播。

心愿与期盼

这本从几千篇发表作品中精心挑选的文集,
是送给读者朋友的礼物。
它难免有各种各样的不足与缺憾,
但一定有呕心沥血的求索与锤炼。
它不能代替你成熟,
但能激励你成长。
它不能代替你食鱼,
但能激励你捕鱼。
它不能代替你得到尊重,
但能激励你善待他人。
它不能代替你选择朋友,
但能激励你爱惜友谊。
它不能代替你多谋善断,
但能激励你能方善圆。
它不能代替你肩挑道义,
但能激励你一身正气。
它不能代替你达到目的,
但能激励你脚踏实地。
它不能代替你赢得荣誉,
但能激励你竭尽全力。

它不能代替你功成名就,
　　但能激励你奋发进取。
它不能代替你出类拔萃,
　　但能激励你超越自己。
它不能代替你爱不释手地阅读,
但能激励你发掘善良、正直与智慧的珍宝。
它不能代替你深谋远虑地思考,
但能激励你寻找做人、处事与成功的向导。
它不能代替你成为伟大超凡的圣人,
　　但能激励你成为高尚幸福的好人。
　　　　　这就是我的心愿,
　　　　　这就是我的期盼。

目录

1 大腕的前身是龙套

大腕的前身是龙套　/002
有一种尊重叫自制　/006
一咸一淡一境界　/010
善意成双　/015
善良不分年龄　/020
兄弟情谊比金牌更珍贵　/025
让我照顾你　/030
朱婷的巴菲特境界　/034
生命最后的火焰　/038

敌人也是同胞　/004
感动世界的请求　/008
心中没有敌人的人　/012
回敬辱骂的办法　/017
沟通效果公式　/022
获国际儿童和平奖的流浪少年　/027
为父母而写　/032
郑板桥定画价　/036
不可过分认真　/042

2 才华不可炫耀

莫言的幽默与低调　/046
珍藏羞辱　/051
看透玩命者　/055

珍惜忍让　/049
改变命运的《告别曲》　/053
从鉴宝到识人　/057

开到哈佛大学的包子店　/059　　用自己的光环衬托他人的荣耀　/062
理直气和与义正词婉　/064　　顺序决定后果　/066
实现梦想的能力　/068　　　　谈话的"红绿灯法则"　/071
聪明者与智慧者　/073　　　　拒绝诱惑　/075
不计较，不比较　/077　　　　腹有诗书气自华　/079
用白纸惊艳世界　/081　　　　把眼泪变成钻石　/083
才华不可炫耀　/086　　　　　积极思考创造积极人生　/088

3 不让愤恨在心里扎根

谁都不能靠欺骗赢到底　/092　　善恶终有报　/095
用一辈子做一件事，爱一个人　/098　不要在石碑上留下我的名字　/101
司马光卖马　/103　　　　　　子贡赎人与子路受牛　/105
人如其所读　/108　　　　　　宁要诚实的80分　/110
用爱应对不幸　/111　　　　　不让愤恨在心里扎根　/113
优雅地老去　/116　　　　　　不可互欺　/119
生死攸关的箴言　/121　　　　有一种盛情是平常　/123
成熟的人　/125　　　　　　　曾子的最后一课　/127
慈善的力量　/129

4 尊重别人　高贵自己

做个本事大脾气小的人　/134
让牛让马与让金　/138
最高的修养是宽容　/142
情比钱重　/145
益　友　/148
不可轻易评论人　/154
82岁流浪奶奶的坚守　/158
小泽征尔的第一位　/163
俯卧人生的昂扬梦想　/168

在家里的度量　/136
度量分量与质量　/140
魏文侯守信　/144
允许不哭和允许不欢呼　/146
大师的胸怀　/151
尊重别人　高贵自己　/156
一张百元纪念钞　/161
不媚上，不欺下　/165

5 让你的梦想落地

你怎样，就会遇到怎样　/172
成功的秘诀　/175
言宜慢，心宜善　/181
高考落榜生的"一招鲜"　/185
追求一流　/192
阅读就是未来　/197

一生做好一件事　/173
一位美国华工的丰碑　/177
"多一盎司定律"和"多一圈定律"　/183
"穷人饭堂"的"穷人英雄"　/189
胡雪岩打伞与俞敏洪打水　/194
从目不识丁到博学多才　/200

坚持的力量 /202　　　　逼出来的奇迹 /204
姚明的两笔账 /206　　　让你的梦想落地 /208
写了100遍的信念 /211　　最难考的大学为何录取他 /213

大腕的前身
是龙套

壹
yi

大腕的前身是龙套

在这个明星辈出的时代,影视明星、体育明星、音乐明星等各行各业的明星层出不穷。光芒四射、灿烂辉煌的明星们,让无数人为之倾倒。但是,他们在成为明星之前,也曾是普通人,也曾是小角色,甚至是跑龙套。

成龙当年曾在李小龙主演的《精武门》里跑过龙套。正如他自己所说:"拍《精武门》的时候,李小龙是大家的偶像,我当替身,被他像踢沙袋一样踢得飞出去。电影里面有一个日本高手铃木宽被他一脚劲踢、踢出老远的经典镜头,那就是我当的替身。拍了三遍,我就被他踢飞三遍!结账时只拿五块钱,攒四个半月才能买得起一条牛仔裤。"如今在香港的娱乐圈中,成龙已是绝对的"大哥",但他这"大哥"的身份并非与生俱来,而是从小喽啰一路打拼成"大哥"。谁要想做"大哥",就得先学会做"小弟"。

刘德华当年曾在周润发主演的《鳄鱼潭》里跑过龙套,演个杀手。一场打斗后,他坐在角落休息。周润发走过来称赞他身手不错,鼓励他好好干,他则倾诉了自己怀才不遇的苦闷。周润发亮出腕上的劳力士金表说:"凡事都有一个过程。做人最重要的是对自己有信心,还要努力。总有一天,你也会有劳力士表,你也会有一切。"在周润发的鼓励下,刘德华更加努力,终于成为冉冉升起的一颗巨星。

周星驰当年曾在至今仍为大家所津津乐道的《射雕英雄传》里跑过龙套，演的不过是微不足道的群众演员——金兵甲和一个囚犯。

周涛当年曾在《西游记》里跑过龙套，演小白龙化身的侍女。尽管戏份不多，但她却把这个角色表演得恰到好处，再加上她那柔美且刚劲的剑舞，着实让人刮目相看。

宋祖英当年曾在琼瑶剧《婉君》里跑过龙套，演过阿奴，受到同行和观众的一致好评。

陈红当年曾在《红楼梦》里跑过龙套，演黛玉身边的"首席大丫鬟"紫鹃。

赵薇当年曾在巩俐主演的《画魂》里跑过龙套，演一个青楼女子。

孙俪当年曾在《情深深雨濛濛》里跑过龙套，演的是伴舞女郎。

董洁当年曾在赵丽蓉演的小品《打工奇遇》里跑过龙套，其中有一个给赵老太太伴舞的姑娘就是她。

章子怡当年曾在春节晚会里跑过龙套，做过伴舞。

……

尽管他们当时有的连配角也不是，有的连一句台词也没有，有的在演职员名单上没有名字，但都能专心致志、一丝不苟地跑好龙套，从而赢得脱颖而出的机会，去饰演更重要的角色。只有努力，跑龙套也能够熠熠生辉，也能出人头地。

尽管跑过龙套的人多之又多，跑成大腕的人少之又少，但许多大腕的前身毕竟是龙套，只不过是出类拔萃的龙套。

其实，所有大人物的前身都是小人物，只不过即使是小人物也能自强不息。只要自强不息，小人物就可能成为大人物。

敌人也是同胞

美国南北战争结束时,原西点军校校长、南军总司令罗勃特·李将军向自己的学生、北军总司令格兰特将军投降。

李将军说:"我们虽然战败了,但是败军不受辱,你们不能审判关押我的士兵,他们是没有罪的。"

格兰特将军说:"那当然。"说完,他立即签署特赦令。当晚即印刷了两万五千份特赦令,南军士兵人手一份。

李将军说:"我们是投降了,但是我们不能交出我们的战马。"

格兰特将军说:"当然,不但不需要交战马,士兵的军刀、枪、弹药都不需要交出,只需要把大炮交出来就可以了。"

南北战争结束的当天晚上,林肯总统举行庆祝宴会。林肯夫人举起酒杯说:"我们终于战胜了我们的敌人。"

林肯总统立刻纠正说:"亲爱的,你错了,我们没有敌人,战争结束了,我们都是美国人。"显然,"我们都是美国人",就等于说"我们都是同胞"。因为,同胞就是指同一国家或同一民族的人。

林肯总统把敌人视为同胞的思想,在林肯纪念馆的墙壁上刻着的一段话上也有所体现:"对任何人不怀恶意;对一切人宽大仁爱;坚持正义,因为上帝使我们懂得正义;让我们继续努力去完成我们正在从事的事业,包扎我们国家的伤口。"

刘伯承元帅同林肯总统一样，也把敌人视为同胞。

刘帅是现代著名军事家，他戎马一生，运筹帷幄，决胜千里，被誉为"常胜将军"、"当代孙武"和"战神"。

但是，新中国成立后的刘帅却不愿看炮火连天、血肉横飞的电影和电视剧。刘帅晚年时，每当电视屏幕上出现战争场景时，就会关掉电视或更换频道。

人们不禁会问：身经百战、功勋卓著的刘帅为何不看战争题材的电影和电视呢？

刘帅多次感慨地说："我们牺牲一位战士，他的全家都要悲伤，这给那个家庭带来多大的损失！同样，一个国民党士兵死了，也会殃及整个家庭。他们都是农民的子弟，一场战争要损伤多少家庭啊！就是因为这个，每在战前我们连觉都睡不好。现在战争结束了，我就不愿看、怕看战争的场面……我至今仍看到无数同胞为我们铺设的一条血肉模糊的路，我们是踏着他们的尸体走向胜利的。敌人也一样，他们也是我们的同胞啊！"

刘帅的子女曾问："淮海战役打得那么漂亮，怎么从未听您在我们面前提起过呢？"

刘帅不堪回首地说，那场战役结束后，他梦见千百万年轻寡妇找他要丈夫，无数白发老人找他要孩子。他心里不安，所以根本不愿去想，更不会去谈起那场战役了。

林肯总统和刘伯承元帅关于"敌人也是同胞"的思想，闪烁着历史进步的人性光辉。这光辉的思想，对正在实现伟大复兴的中华民族至少有一个至关重要的启示：用和平的方式，只有用和平的方式来完成祖国的统一大业，才最符合包括台湾同胞在内的中华民族的根本利益。

有一种尊重叫自制

1986年10月中旬,在北京钓鱼台国宾馆养源斋,邓小平会见并宴请了对中国进行国事访问的英国女王伊丽莎白二世。

邓小平很喜欢抽烟,平时抽烟很频。这是世人皆知的事情,伊丽莎白二世自然也胸中有数。但是,邓小平在这次长达四五个小时的会见和宴请中,竟然连一支烟也没有抽。邓小平的自制,使伊丽莎白二世感到意外,更感到由衷的敬佩。她比任何人都清楚,这充分体现了中国领导人对一位女性君主的礼貌和尊重。

事后,见多识广、善解人意的伊丽莎白二世在致邓小平的信中特意提及此事,表达了自己的谢意。她在信中写道:"但愿未吸一支烟没有使您太难受!实际上我们都不会介意的,但我们仍感谢您的一番美意。"

如果说邓小平会客时用不吸一支烟表示对英国女王伊丽莎白二世的尊重,也赢得了客人的尊重,那么星云大师则用演讲时不喝一杯水表示对听众的尊重,也赢得了听众的尊重。

那天,星云大师在台上的讲话时间很长。一位听众站起来,恭敬地给他送上一杯水。他非常谦和地说:"我不喝!我从来讲话不喝水,以示对听众的尊重!"

当时在场的历史学者阎崇年先生想:"台下的听众不能喝水,台上的讲者也不喝水,讲者、听者都不喝水,这就是平等。转念一想,台上人在讲,费口舌;台下人在听,不费口舌,所以台上讲者喝水,台下听者不喝水,这是可以理解的。"

此后的一天,阎崇年先生将自己当时的想法直截了当地说了出来。星云大师听后坚持地说:"我演讲几个小时不喝水,主要是对听众的尊重。"

后来,阎崇年先生在佛光山大会堂给丛林学院的师生做报告,每天一场,连续做了四场。演讲时,主持人、听众都让他喝水,他谦虚地说:"我应该向星云大师学习,在台上做报告不喝水,以示对大家的尊重。"

看来,有一种尊重叫自制。这种自制,也许是会客时不吸一支烟,也许是演讲时不喝一杯水,也许是倾听时不插一句话,也许是乘车时不争一个座,也许是评功时不夺一朵花,也许是避险时不抢一步先……

用自制尊重他人者,必然会受到他人的尊重。

感动世界的请求

1979年12月8日,诺贝尔和平奖得主特蕾莎修女飞抵了颁奖地——挪威首都奥斯陆。

诺贝尔和平奖评委会主席萨涅斯亲自到机场迎接,并高兴地告诉特蕾莎修女:挪威国王将在典礼宴会上接见她。

特蕾莎修女心里一震,问:"举行宴会?"

萨涅斯回答:"是的,颁奖典礼之后将举行盛大的宴会。参加者有国王、总统、总理、政要和各界名流等135名贵宾。年年如此,这是惯例。"

特蕾莎修女又问:"主席先生,举办这样一次宴会得花费多少钱?"

萨涅斯认真地回答:"7000美元。"

特蕾莎修女说:"尊敬的主席先生,我有一个请求,请求您取消这次宴会。"

萨涅斯主席十分惊讶:"取消宴会?从1901年设立诺贝尔和平奖以来,还没有人提出这样的请求。"

特蕾莎修女解释说:"我请求您取消这次宴会,是要用省下来的钱救助那些饥寒交迫的穷人。要知道,7000美元足够15000个印度乞丐饱食一天啊!"

特蕾莎修女看到萨涅斯似乎有些犹豫,便问:"主席先生,我的请求是不是让您感到为难了?"

突然，萨涅斯向特蕾莎修女深深地鞠了一躬，说："我同意。因为您的请求深深地感动了我，也会感动世界上所有的穷人和善良的人。"

颁奖典礼之后，特蕾莎修女把19万美元的诺贝尔和平奖奖金全部捐给印度麻风病基金会，将节省下来的7000美元宴会费用全部捐给了穷人，将卖掉和平奖奖章所得的钱也全部捐给了穷人。

1997年9月5日，当特蕾莎修女离开这个世界时，除了两件换洗的粗布纱丽和一双旧凉鞋，几乎一无所有。

2009年10月4日，诺贝尔基金会评选特蕾莎修女为诺贝尔奖百余年历史上最受尊崇的3位获奖者之一。

2009年12月10日，在瑞典首都斯德哥尔摩举行了诺贝尔化学奖颁奖典礼，得主是以色列化学家阿达·尤纳特。

尤纳特回国后参加庆祝活动时得知，西蒙·佩雷斯总统要亲自出席盛大的国宴，以庆祝她为祖国赢得的荣誉。于是，她向佩雷斯总统提出了一个请求："能不能取消这次国宴，把省下的钱赠给我。"

佩雷斯总统对尤纳特的请求感到不解，她解释说："我荣获的这个奖项，是代表所有以色列人的，包括穷人、病人和孤独的人。我之所以大胆地提出这个请求，并不是为了我自己，因为我觉得还有比吃这顿饭更重要的事情。一顿豪华的国宴，只能供100人享用，可如果把这笔钱用在穷人身上，就可以让2000名以色列穷人吃上一天饱饭！"

佩雷斯总统听后立刻决定："我同意了。因为这是一个足以感动国人的请求，甚至是足以感动世界的请求。"

后来，尤纳特将不菲的诺贝尔化学奖的奖金和原定用于盛大国宴的费用，都用在了穷人的身上。

如果说世界上有胜过荣获诺贝尔奖的荣耀，那就是修女特蕾莎和化学家尤纳特提出的请求——感动世界的请求。

一咸一淡一境界

弘一法师,俗名李叔同,1880年生于天津官宦富商之家。他38岁离开了喧闹的俗世,落发为僧,隐入佛门。他是中国新文化运动的前驱,卓越的艺术家、教育家、思想家、革新家,是中国传统文化与佛教文化相结合的优秀代表,是中国佛教史上一位杰出的高僧,也是在国际上声誉甚高的知名人士。

文艺大师丰子恺在《我的老师李叔同》中写道:"李叔同是一个万事皆认真的人。少年时做公子,像个翩翩公子;中年时做名士,像个名士;做话剧,像个演员;学油画,像个美术家;学钢琴,像个音乐家;办报刊,像个编者;当教员,像个老师;做和尚,像个高僧。"这寥寥数语,概括了他独具一格的一生:前半生是举世奇才李叔同,后半生是律宗高僧弘一大师。

弘一大师有位很好的朋友,即著名的教育家夏丏尊。有一天,夏先生前去拜访,见弘一法师吃饭时只有一小碟萝卜咸菜,心中不忍,便问:"没有别的菜吗?这是不是太咸了?"弘一大师回答:"咸有咸的味道。"

吃完饭后,弘一大师倒了一杯白开水喝。夏先生又问:"没有茶吗?这是不是太淡了?"弘一大师微微一笑,说:"淡有淡的味道。"

当时,夏先生听了颇有所悟:咸有咸的味道,淡有淡的味道,不论是咸是淡,都能从中得到快乐。这样的心境,就是悟道者的心境。他很感慨地说:"萝卜咸菜与白开水的真滋味,大概只有像弘一大师这样的人才能如实地品尝到。"

夏先生曾将一副进口白金水晶眼镜赠给弘一大师,被他转送给泉州开元寺变卖成五百块大洋,用于购买了粮食,供僧人斋饭。

大画家刘海粟回忆李叔同说:"他出家苦修律宗,一次到上海来,许多已经发达的旧友招待他住豪华饭店,他都拒绝了,情愿住在一间小小的关帝庙里。我去看他时,见他赤脚穿草鞋,房中只有一张板床。我难过得哭了,他却双目低垂,脸容肃穆……"

星云大师这样理解弘一大师:他认为,世间上没有一样东西会让他觉得不好。破旧的手巾也好,咸苦的蔬菜也好,跑一整天的路也好,住在小茅屋也好,世界上什么都有味,什么对他都了不得。他少欲知足,别人认为他如此贫穷,简直是在受苦,但他却觉得一切都很好。

弘一大师曾经说过这样一段话:"事能常足,心常惬。人到无求,品自高。"在常足、无求的弘一大师面前,无论是穷还是富,是旧还是新,是草鞋还是革履,是茅屋还是豪宅,都能从容面对,即使是一食一饮、一咸一淡,也能生活得有滋有味,有声有色,如诗如画,如歌如舞,展现出一种超凡脱俗的境界。

生命的难得境界,是恬淡而愉悦地活着。

心中没有敌人的人

曼德拉是诺贝尔和平奖获得者,是个心中没有敌人的人。在大西洋一个名为罗本的荒凉小岛上,他曾被关了 27 年。他每天被强迫参加劳动,或在采石场干繁重的体力活,或在冰冷的海水里捞取海带……因为他是要犯,所以有 3 个白人狱警专门看守。狱警态度恶劣,经常找各种理由虐待他。但是,1994 年他当选为南非第一位黑人总统后,却真诚地邀请了这 3 个狱警作为嘉宾参加总统就职大典。在这一历史性的盛典上,年迈的曼德拉缓缓站起身来,恭敬地向这 3 个看守深深地鞠了一躬。这是为什么?他自豪地宣称:"我没有敌人。""当我走出囚室迈向通往自由的监狱大门时,我已经清楚,自己若不能把痛苦与怨恨留在身后,那么其实我仍在狱中。""让黑人和白人成为兄弟,南非才能繁荣和发展。"在他辞去总统、告老还乡之后,每个生日都会收到来自世界各地的许多生日贺卡。其中的一张上写道:"您教会了我们:将仇恨扔进大海,让宽容和种族和解永存人间。"南非总统祖马说得好:"曼德拉精神"的实质就是团结、友爱以及和解的精神。

金大中是诺贝尔和平奖获得者,是个心中没有敌人的人。他是韩国民主政治的斗士,被誉为"亚洲的曼德拉"。他在 30 岁时,为了推进韩国政治民主化而步入了政坛。为了这一理想,他历经磨难。在韩国独裁者李承晚、朴正熙、全斗焕执政期间,他多次坐牢,甚至被判处死刑。

他几度死里逃生，长期流亡国外，但从未放弃争取民主的斗争。他从政40年，闯过5次鬼门关，3次与总统的宝座失之交臂。1998年，他终于在73岁高龄时当选为韩国的第8任总统。在总统就职典礼上，他将昔日"迫害"过自己的独裁者都请到台上就座。因为，他主张宽恕所有的人，包括自己的敌人。因为，他不懈追求的是民主制度，而不是战胜与打倒"敌人"。"敬天爱人"，是他获得诺贝尔和平奖时说的话，也是他一生的座右铭。

马丁·路德·金是诺贝尔和平奖获得者，是个心中没有敌人的人。他对迫害美国黑人的暴徒们说："我们将以自己忍受苦难的能力，来较量你们制造苦难的能力。我们将用我们灵魂的力量，来抵御你们物质的暴力。我们不会对你们诉诸仇恨，但是我们也不会屈服于你们不公正的法律。你们可以继续干你们想对我们干的暴行，然而我们仍然爱你们……不久以后，我们忍受苦难的能力就会耗尽你们的仇恨。在我们获取自由的时候，我们将唤醒你们的良知，把你们赢过来。"

亚伯拉罕·林肯是美国的第16任总统，是个心中没有敌人的人。他当选总统之后，有人尖锐地批评他对待政敌的态度："你为什么要试图让他们成为朋友呢？你应该想办法去打击他们，消灭他们才对。"他温和地说："我难道不是在消灭政敌吗？当我使他们成了我的朋友时，政敌就不存在了。""我们没有敌人，战争结束了，我们都是美国人。"在以他的名字命名的纪念馆的墙壁上，至今还刻着这样的一段话："对任何人不怀恶意；对一切人宽大仁爱；坚持正义，因为上帝使我们懂得正义；让我们继续努力去完成我们正在从事的事业，包扎我们国家的伤口。"

从上面几个故事可以看出，他们拥有一个显著的共同特点，那就是：用大爱战胜仇恨，将敌人变成朋友。这个共同特点，既是他们实践心中没有敌人这一信念的方法，也是他们弘扬心中没有敌人这一信念的精华。

上面几个故事不禁使人想到了李连杰的一段话：武力可能是一个解决问题的方法，但一定不是唯一的方法。暴力能够征服别人的肉体，但永远征服不了别人的心灵。只有爱的力量，才可以征服整个人类的心灵。

智者无忧，仁者无敌。大智者心中没有烦恼，大善者心中没有敌人。只有心中无敌，才能天下无敌。最接近天下无敌的人，就是拥有最多朋友的人。

善意成双

v

在埃及的一个火车站，有个10岁上下的穷男孩，衣着简陋，趿拉着一双破旧的拖鞋。突然，他的一只拖鞋坏了，从脚上掉了下来。于是，他坐在路边不断地修理。他千方百计，但无济于事。

穷男孩看着来往的行人，有个10岁上下的富男孩引起了他的格外关注。因为，富男孩穿着一双崭新的黑皮鞋。富男孩和父母坐在椅子上候车时，穷男孩的眼睛一直羡慕地看那双黑皮鞋。

站台上的铃声响了，火车缓慢地进站了。上下车的人很多，富男孩在父母的催促下匆忙地往车上挤，不料一只黑皮鞋掉在了站台上。

此刻，站台上的铃声又响了，火车徐徐地启动了。穷男孩看到了掉在站台上的黑皮鞋，赶忙上前捡起来。他喜爱地看了看、摸了摸，随后跑着追赶站在车门口的富男孩。火车的速度越来越快，穷男孩知道追不上了，便奋力将鞋抛向富男孩。遗憾的是，鞋落在了站台上。就在穷男孩沮丧之时，富男孩突然脱下了脚上的另一只鞋，使劲地抛向穷男孩。

火车门口的富男孩与站台上的穷男孩之间的距离越来越远，他们此生恐怕无缘相见了。穷男孩向富男孩挥手致意，似乎在说："不是我的鞋，我再穷，也应该把捡到的鞋还给你。"富男孩也在向穷男孩挥手致意，似乎在说："既然我已经无法得到失掉的那只新鞋，就应该把自己脚上的这只新鞋也送给你。"

这个故事，被一位 20 岁的埃及青年捕捉到了，并制作出了一部 4 分钟的微电影。微电影中没有一句台词，没有一句说教，却感动了世界上不同种族和文化的人，因而荣获了埃及卢克索电影节大奖。

这个故事，让我想到了印度"圣雄"甘地。一次，他乘坐火车出行，刚踏上车门，火车就开动了。此刻，他的一只鞋子不慎掉到了车下。他麻利地脱下了另一只鞋子，朝那只鞋掉下的方向扔去。有人奇怪地问："这是为什么？"他说："如果一个穷人从那里经过，就可以拾到一双鞋穿了。"

人在贫苦时，应该如何坚守？人在富有时，应该如何慈悲？穷男孩和富男孩用纯美的童心做出了回答，即使是同印度"国父"、最伟大的政治领袖甘地相比，也毫不逊色。

当友善遇见友善，就会开出世界上最美丽的花朵！

回敬辱骂的办法
∨

在实际生活中，遭到辱骂是难以完全避免的，即便是圣贤与名人也难以幸免，就像树欲静而风不止一样。

但是，不管骂人者有多坏、多恶，那些圣贤与名人永远不还以恶口。这不仅是修养，而且是真正的成熟、自信和成功的一种标志。

佛祖释迦牟尼曾经遭到一个人日夜不停地嫉妒和辱骂。对此，他心平气和，沉默不语，不动声色，我行我素。有一次，当那个人骂累了之后，释迦牟尼微笑着问："我的朋友，当一个人送东西给别人，别人不接受，那么，这个东西是属于谁的呢？"那个人不假思索地回答："当然是送东西的人自己的了。"释迦牟尼说："说得对。这些天，你一直不断地骂我。如果我不接受你的辱骂，那么辱骂又属于谁呢？"听此妙问，那个人为之一怔，哑口无言。此后，那个人再也不骂释迦牟尼了。

富弼是北宋的名相，年轻的时候就很有度量。有人骂他，他充耳不闻，专心致志地做好自己的事情，好像什么也没听见。旁边的人告诉说："那个人正骂你呢！"他说："恐怕骂的是别人。"旁边的人又说："喊你的姓名，难道会骂别人！"他说："恐怕是同名同姓的人。"骂人的那个人听完富弼那不屑一顾的回答后，感到非常羞愧。

王炽是赫赫有名的晚清巨商，被誉为"钱王"。他对一些人的嫉妒与辱骂，常用这样的话激励自己："说我，羞我，辱我，骂我，毁我，欺我，骗我，害我，我将何以处之？容他，凭他，随他，尽他，让他，由他，任他，再过几年看他。"

李叔同既是才气横溢的艺术教育家，也是一代高僧。他说："如果有人诽谤我，与其跟他争辩，不如容忍他。如果有人侮辱我，与其防范他，不如感化他。"他还说："何以息谤？曰：无辩。何以止怨？曰：不争。"

大学者胡适对长期骂他的人，用文字做了这样的回答："我受了十余年的骂，从来不怨恨骂我的人。有时他们骂得不中肯，我反倒替他们着急。有时他们骂得太过火了，反损骂者自己的人格，我更替他们不安。如果骂我能使骂者有益，便是我间接于他有恩了，我自然很情愿挨骂。"

齐白石尽管是大画家，但对其作品的评价，有赞美者，也有贬低者。面对截然不同的评价，他说："勿道人之短，勿说己之长；人骂之一笑，人誉之一笑。"

有人曾问台湾作家余光中："李敖几乎天天在不同场合找您的茬，骂您，您为什么从不回应？"他沉思片刻，说："他天天骂我，说明他的生活不能没有我。而我从不搭理，证明我的生活可以没有他。"

获得2012年诺贝尔文学奖的莫言这些年也没少挨骂，对此，他淡定地说，骂人是自由，沉默也是自由。他还写过一副对联，上联是："佛说遇蚊虫叮咬忍之。"下联是："我说遇小人追骂乐之。"横批是："不抓不挠。"

面对辱骂，也许我们做不到像圣贤与名人那样的从容、平静与宽容，达不到像圣贤与名人那样的"是非审之于心，毁誉听之于人"之境界，但至少应该做到珍惜自己，不让辱骂来影响自己的情绪、健康和工作，不拿别人的错误惩罚自己。

回敬辱骂的最好办法,不是恨,而是爱;不是报复,而是比他们更成功、更快乐、更幸福。一方面不卑不亢,不予理睬;一方面竭尽全力做最好的自己。这样做,对于强者来说,是一种风度;对于弱者来说,是一种明智。

善良不分年龄
∨

荷兰有个 6 岁的小男孩，叫梯济。几个月前，他不幸被确诊为脑癌。医生说，他最多只能再活一年。但他的爸爸妈妈和医生，还是千方百计、不遗余力地帮助他战胜病魔，希望他能远离死神。

一周前，梯济结束了新一轮的化疗。然而，癌细胞的扩散不仅没有得到遏制，反而越来越猖獗，他的病情继续朝着医生诊断的最坏结果发展。

那天做完化疗后，虚弱但坚强的梯济跟爸爸妈妈商量："我能长到这么大，已经很幸运啦。在许多贫穷的国家，有很多小朋友连 6 岁还活不到。我的生命已经快要走到尽头了，但我希望能帮助那些困难的小朋友多活几年。为了改善那些小朋友的生活，我想用自己生命的最后一段时间为他们募集资金。"

爸爸妈妈听后很感动，反复考虑后向梯济建议："你经常和小朋友一起涂指甲油，而且很喜欢这么玩，所以我们想让你用给大家涂指甲油的办法来募集资金。"梯济听后笑了，点头同意了。

拿定主意之后，梯济的爸爸妈妈联系了荷兰一个做慈善的电台。这个电台里有一位热衷慈善事业的主持人，得知梯济的愿望后立即爽快地答应了。

接下来，节目主持人在一个玻璃房内支起了涂指甲油用的桌椅板凳,并率先请梯济给自己涂了指甲油,随后捐出了第一份钱。主持人满腔激情地宣传:"我们都应该支持善良的梯济。如果愿意让梯济涂指甲,就捐出1欧元。如果不愿意,就可以走开,但走前最好为梯济的爱心捐点钱。"

爱有异乎寻常的巨大感召力,大家的热情非常高涨。为了帮助梯济实现救助困难小朋友的愿望,男女老少纷纷在这个玻璃房前排起了长队,没有人介意这个6岁的小男孩是否会将指甲油涂得漂亮。即使是没法赶到现场的人,也将自己涂完指甲油的照片发到网上,然后捐钱给梯济。网友们为了声援梯济,竟然发出了"不涂不是荷兰人"的呼喊。

梯济这个纯真而又美好的愿望,借助电台节目的影响力和大家的支持,很快就席卷了荷兰,形成了全民涂指甲油的热潮。就连荷兰首相马克·吕特和年过六旬的荷兰自由党领导人基尔特·威尔德斯也涂起了指甲油,并捐了钱。更令人没想到的是,世界各国的许多网友也纷纷响应,加入了涂指甲油的捐款活动。

短短几天,梯济发起的捐款活动,就收到了来自世界各地的捐款200万欧元。随着"不涂不是荷兰人"呼喊的深入人心,最终一共收到了捐款870万欧元。梯济高兴地说:"这些钱都会用来帮助那些贫困的小朋友,让他们能拥有健康快乐的童年。"

因此,6岁的小男孩梯济登上了多家媒体的显赫版面,成为了当地乃至整个荷兰家喻户晓、人人皆知的骄傲。

沟通效果公式

战国时代,唐雎是安陵君的策士。他有胆有识,能言善辩,不畏强暴,忠于使命,勇于为国献身。因此,安陵君派遣他出使秦国。

秦王傲慢地对唐雎说:"我用方圆五百里的土地交换安陵,安陵君却不肯听从我,这是为什么?秦国灭亡了韩国和魏国,安陵之所以能凭借方圆五十里的土地幸存下来,就是因为我把安陵君看作忠厚的长者,不想打他的主意。现在,我用安陵十倍的土地,让安陵君扩大自己的领土,可他却违背我的意愿,岂不是太看不起我了吗?"

唐雎回答:"不,不是这样。安陵君从先王那里继承了封地,只想守护它,即使是方圆千里的土地也不敢交换,更何况只是五百里的土地呢?"唐雎不卑不亢的反诘句,既驳斥了秦王的无理要求,又恰到好处地表达了对秦王的蔑视。

秦王勃然大怒,威胁道:"你听说过天子发怒吗?"唐雎回答:"我未曾听说过。"秦王说:"天子发怒的时候,会倒下百万人的尸体,鲜血流淌千里。"

唐雎说:"大王曾经听说过平民发怒吗?"秦王回答:"平民发怒,只不过是摘掉帽子,光着脚,把头往地上撞罢了。"唐雎说:"这是平庸无能的人发怒,不是有才能、有胆识的人发怒。专诸刺杀吴王僚的时候,彗星的尾巴扫过月亮;聂政刺杀韩傀的时候,一道白光直冲上太阳；要离刺杀庆忌的时候，苍鹰扑到宫殿上。他们三个人都是平民中有才能、有胆识的人，心里的愤怒还没发作出来，上天就降示了吉凶的征兆。现在，专诸、聂政、要离，再加上我，就是四个人了。假若有能力、有胆识的人被逼得一定要发怒，那么就让两个人的尸体倒下，五步之内淌满鲜血，天下百姓因此都穿丧服，今天的情形就是这样了。"说完这气壮山河的话，唐雎挺剑而起，迫使秦王屈服，否则，便以死相拼。

秦王立刻变了脸色，直身而跪，向唐雎道歉说："先生请坐，怎么会闹到这种地步！我明白了：韩国和魏国被灭亡，但安陵却凭借方圆五十里的土地保全下来，只是因为有先生您啊！"

张作霖很器重德才过人的王永江，任命其为警务处长兼奉天省警察厅厅长。当时，王永江要求有完全的用人权，不受军人干涉，张作霖答应了他。随后，王永江就致力于改革警政，设立高等警官学校，向日本的警察学习。

但是，张作霖早年的一些绿林兄弟，特别是汤玉麟、冯麟阁等人，因为他们推荐给王永江的人无一被录用，总给王永江捣乱。无奈之下，王永江只好据实报告了张作霖。此后不久，张作霖在"老虎厅"开会议事时说，王永江要办好警务，大家不许乱荐人。

汤玉麟绰号"大虎"，随张作霖征战多年，险要之时几次救过张作霖，那两只有名的老虎标本就是他送给张作霖的。他骄横跋扈，纵容部下胡作非为，屡犯军纪，其部下多次被王永江惩处。因此，张作霖话音刚落，他便肆无忌惮地攻击王永江。

张作霖大怒，当众大骂汤玉麟。汤玉麟愤然退席，密谋举兵作乱。张作霖及时应对，稳住了汤玉麟的主要干将张作相和张景惠等人。兵变虽没有发生，但闹得很紧张，以至于全城戒严，架起了机枪。

事后，张作霖请回来了辞职避往大连的王永江，让其全权推进警政改革。汤玉麟则愤然离开奉天，重操旧业，干起了土匪的老本行。此后一年多，张作霖几次叫汤玉麟回来，他就是不肯。

那天，为庆贺张作霖生日而演戏。其中有一出，是关于关羽和张飞的《古城相会》。张作霖看到动情处，失声痛哭。众人问其原因，他哽咽地说："人家兄弟失散了还能相会，咱弟兄一去就不回来了！"这话传到了汤玉麟耳朵里，其备受感动，赶紧跑回了张作霖的身边。

唐雎的话为什么能让凶狠残暴的秦王停止恃强凌弱？张作霖的话为什么能让情断义绝的汤玉麟回心转意？这不禁让人想到上世纪70年代，美国加州大学的心理学教授艾伯特·梅拉比安提出的沟通效果公式：沟通效果 =7% 的言词内容 +38% 的语音语调 +55% 的表情动作。他解释说，这个公式最适用于表达自己感觉或态度。

我虽没有能力判断该公式中3个百分比是否精确，但却相信：言词内容、语音语调和表情动作这三要素，对于沟通效果的重要性。唐雎和张作霖震撼魂魄的故事，可以算是该公式的很好解说和例证。

兄弟情谊比金牌更珍贵

在英格兰的约克郡有一对兄弟,哥哥阿里斯特·布朗利生于1988年,弟弟乔纳森·布朗利生于1990年。他们的父母都是医生,父亲基茨还是一名出色的中长跑运动员,母亲凯西则是一名出色的游泳运动员。父母热爱运动的榜样力量,使他们兄弟二人在少年时期就显露出跑步和游泳的天赋。

那一年,布朗利兄弟观看了舅舅塞蒙·赫恩肖参加的一场铁人三项比赛,并产生了浓厚的兴趣。此后,兄弟俩以极大的热情投入了铁人三项的训练,并立志参加1.5千米游泳、40千米自行车和10千米跑步的奥运会铁人三项比赛。

2012年,伦敦奥运会铁人三项的比赛在布朗利兄弟的家乡——伦敦海德公园进行。他们俩都参加了比赛,与西班牙名将哈维尔·戈麦兹的较量格外激烈,甚至难分胜负。最终,在父老乡亲的呐喊助威声中,哥哥阿里斯特·布朗利以11秒的微弱优势领先戈麦兹夺得了金牌;弟弟乔纳森·布朗利落后30秒,拿下了一枚铜牌。在颁奖典礼时,为布朗利兄弟的欢呼声此起彼伏。因为,这是自1908年以来,英国的兄弟选手首次同时站在奥运会铁人三项的领奖台上。

4年后的2016年8月18日,布朗利兄弟参加了巴西里约奥运会的铁人三项比赛。西班牙名将哈维尔·戈麦兹因赛前训练摔伤,无奈地退出了比赛。正如赛前人们所预料的那样,布朗利兄弟从游泳赛段便牢牢地控制了比赛。特别是在坡陡弯多的里约奥运赛道上,长期在约克郡山谷中训练的布朗利兄弟如鱼得水,那赛道仿佛是为他们量身打造的一样。在最后的跑步赛段,兄弟俩逐渐拉开了与身后选手们的距离,将里约奥运会男子铁人三项赛变成了一场兄弟之争。正当观众琢磨布朗利兄弟是否会保持这样的节奏携手冲线时,哥哥突然加速,甩开了弟弟,独自向终点跑去。在即将冲刺时,哥哥慢了下来,从观众手中接过英国米字国旗。在哥哥身披国旗冲线6秒钟后,弟弟乔纳森实现了奥运会赛场上的新突破,将4年前在伦敦获得的铜牌改写成了银牌。

一个月之后的2016年9月18日,布朗利兄弟参加了在墨西哥科苏梅尔举行的世界铁人三项赛。哥哥阿里斯特在冲刺前,突然发现弟弟乔纳森处于即将晕倒的失常状态。哥哥立刻停止了冲刺的脚步,迅速上前搀扶起独自难以完成比赛的弟弟,保护弟弟跑完了最后的赛程,把弟弟先于自己送过终点线。与此同时,南非选手亨利·斯库曼抓住时机后来居上,率先冲刺,赢得了金牌,而弟弟获得了银牌,哥哥却只获得了铜牌。

刚过终点线,弟弟乔纳森就汗流如注,瘫倒在地,被送往医院接受治疗。医生做出的诊断是:由于天气炎热,他在比赛的冲刺阶段体能透支,陷入了虚脱状态。

在这场世界铁人三项赛的关键时刻,哥哥阿里斯特断然放弃金牌帮助弟弟乔纳森的感人一幕,被摄影记者拍摄下来,成了英国各大报纸的头条新闻,且好评如潮。哥哥却谦和地说:"奖牌是一时的,兄弟是一世的。亲情无价,兄弟的情谊比金牌更珍贵!"

获国际儿童和平奖的流浪少年

菲律宾的首都马尼拉是一座风光绮丽的热带花园式城市,也是一座贫富差距比较悬殊的城市。

在城市街头,流浪儿童的身影几乎随处可见。当有人把车停下,摇下车窗,经常会有一双黝黑的小手递上清香的栀子花。如果那双黝黑的小手能得到20个比索的收获也就是接近3元人民币的收获,就能令其主人非常高兴,因为可以吃上一顿饱饭了。在被当地人称为"吉普尼"的小公交车上,常有流浪儿童为乘客们表演弹唱,以求得好心人的慷慨解囊……

今年13岁的克里斯·瓦尔德斯,从小就是马尼拉流浪儿童大军中的一员。他出生在马尼拉以南30公里的甲美地市,两岁时因种种不幸而被迫流浪街头。他无家可归,每天都要承受着饥饿、冷眼甚至凌辱。他白天靠捡垃圾为生,夜晚就睡在一个敞开的废弃坟墓里。

厄运中的苦难,往往一个接着一个。在克里斯·瓦尔德斯5岁的时候,背部和手臂不幸被严重烧伤。为了活下去,他忍着疼痛四处寻求救助。一位好心的慈善人士救助了他,使他的生活逐渐有了好转。他那备受创伤的幼小心灵,不仅没有丧失对幸福生活的不懈追求,而且帮助其他流浪儿童的渴望与日俱增。

极度的贫穷,能逼迫许多人随波逐流、沿街乞讨,也能激发个别人逆流而上、挑战命运。克里斯·瓦尔德斯在7岁生日的那天，没有乞讨任何生日礼物，而是做出了一个令人刮目相看的决定：成立了一个名为"捍卫社区儿童"的慈善组织。其目的是要救助像自己一样的街头流浪儿童。他满怀信心地说："我要告诉伙伴们，未来可以掌握在自己手中。虽然有过不幸的经历，但这并不能成为你们不断进取的障碍。"

从那时开始，克里斯·瓦尔德斯全身心地投入了慈善事业。他依靠这个组织，日复一日、年复一年、不辞辛苦地向社会募集善款，然后将买来的糖果、拖鞋、玩具和衣物等作为"希望的礼物"，捐赠给最急需帮助的流浪儿童。

不屈服于厄运的人可以创造奇迹。到2012年，经过6年时间的努力，"捍卫社区儿童"这一慈善组织已经为所在地区的流浪儿童提供了3000多人次的医疗救治，发放了5000多份"希望的礼物"，帮助过1万多名流浪儿童。

克里斯·瓦尔德斯为维护儿童权益做出了突出贡献，因此得到了社会各界人士的普遍称赞，顺理成章地成为2012年国际儿童和平奖的3位候选人之一。经过荷兰儿童权利基金会的认真评选，克里斯·瓦尔德斯脱颖而出，成为2012年度国际儿童和平奖的获得者。

国际儿童和平奖，是由荷兰儿童权利基金会主席马克·杜拉尔特为致力于和平事业的儿童所设立的一个奖项，主要奖励为保护儿童权益做出突出贡献的儿童。儿童和平奖的目的，是希望那些获奖孩子所维护的儿童权益能得到世人的重视，进而让获奖的孩子为那些没有话语权的孩子们说话。

9月19日，2012年度的国际儿童和平奖的颁奖典礼在荷兰海牙隆重举行。在荷兰议会宫著名的骑士厅里，克里斯·瓦尔德斯从1984年诺贝尔和平奖得主、南非前大主教图图的手中接过了奖杯和10万欧元奖金。在颁奖时，81岁的大主教图图由衷地赞叹和鼓励道："你真了不起！"

克里斯·瓦尔德斯在获奖感言中表示：他要用这笔奖金做更多的公益项目，也要用这笔奖金帮助自己实现成为医师的梦想。他特别强调地说："我认为，即便是儿童，也可以在别人需要时给予援助。简单的帮助，比如分享一餐饭、送一件玩具，赠送一双拖鞋，甚至是给一个微笑，都会给别人带来快乐。我要向全世界孩子们说的是，永远不要放弃希望！"

克里斯·瓦尔德斯获奖之后，引起了不小的反响，其家乡甲美地市的反响最为强烈。9月22日，市政府宣布，将于9月28日举行一场盛大的欢迎仪式，欢迎这位"英雄"回家。届时，市长拉莫斯将率领全市官员，对克里斯·瓦尔斯的非凡成就表达敬意，并感谢他给家乡带来的荣耀。

此间许多媒体评论说，克里斯·瓦尔德斯是流浪的天使。他的人生故事不仅充满了催人奋进的励志色彩，而且对于整个社会关注流浪儿童的命运和缩小贫富差距，也具有普遍的现实意义。因此，他的成就，完全配得上英雄般的欢迎仪式。

让我照顾你

∨

我父亲已经 101 岁，除了耳背，暂无大毛病，特别是头脑清楚、思维敏捷；母亲已经 93 岁，也暂无大毛病，但记忆力远不如父亲。他们都能自理，都很要强。

小时候，父母常对我说的一句话是："要听父母的话。"现在，我常对父母说的一句话是："请听我的话。"我不仅这样说，而且还用签字笔将自己要说的话写在 A4 纸上，然后请他们看。这样，便于同父母交流。

他们说："人老啦，没什么用了。"我就写："请听我的话：同事朋友都羡慕我，说我有福气，古稀之年还有个家，回家还能叫爸妈。你们不是没用了，都夸你们是家中的佛啊！"

他们说："人老啦，成负担了，大事小情不算，光让你们洗脚就已经 13 年了，实在太不像话。"我就写："请听我的话：你们两个人都能自理，简直是太会心疼我们了！不是成了负担，而是给了我们尽孝和享受天伦之乐的机会。百善孝为先，孝子人人敬啊！"

他们说："我们身体有点小毛病，就不用去医院了，太麻烦。"我就写："请听我的话：有病务必早说早治，越早越好。特别是发烧和拉肚子，一刻也不能等。说晚了，就容易耽误了最佳治疗时间。"

他们说："暖气有时不够好，屋里凉。"我就写："请听我的话：把电暖器打开，室温一定保持在 23 度以上。多用点电，费不了几个钱。

要是感冒了，住院了，那就是真麻烦了。"

他们说："我们家的小时工，人真好，善良，勤快，脾气好，就是总爱看手机，还不会做鱼。"我就写："请听我的话：你们不知道，现在的年轻人多是低头族，只要不耽误做饭吃，就根本不算事。再说，她不会做鱼，我们可以来做。你们万万不能太要强，其实小时工比你们的本事大得多。你们务必宽容宽容再宽容，任何时候都不可批评小时工一句。五个手指头还不一样齐呢，你们对自己的孩子就能事事满意吗？你们对小时工，一定要比对自己亲生的孩子还要好。"

他们说："你不是想龙龙（我女儿）和嘟嘟（我的外孙女）、阳阳（我的外孙）了吗？放心去吧，过几天光璞（我妹妹）就从北京回来照顾我们了，你和晓军（我爱人）一起去美国看她们吧！"我就写："请听我的话：你们年龄大了，我飞到美国，万一有点事，势必悔恨一辈子。我不去，主要是为了我自己，为了自己的无悔无憾和心安。"

……

父母真听我的话，就像我儿时真听父母的话一样，常常边看边点头，说："明白了。"

我盼望给父母多做几回父母，次数越多越好。为此，我愿意祈祷上苍。

为父母而写

郑渊洁是现代作家、慈善家，1955年6月15日生于河北石家庄。1970年至1976年，他曾服兵役，维修歼六战机，退役后当工人。

1977年，只有小学4年级文化基础的郑渊洁，满腔热忱地开始了文学创作。其笔下的皮皮鲁、鲁西西、舒克、贝塔和罗克，在中国拥有亿万读者，连成年人也被吸引。他的作品，被誉为"最适合全家人阅读"。

1985年5月，郑渊洁与出版者约定：新创刊的《童话大王》杂志，只刊登他一个人的作品，并按版税比例分割利益。2008年10月27日，联合国世界知识产权组织授予他"国际版权创意金奖"，奖励他原创了近2000万字的文学作品。2008年12月5日，时任国家主席的胡锦涛向他颁发了"中华慈善楷模奖"。2012年，他以2600万元的年度版税收入荣登"第七届中国作家富豪榜"之榜首。

2013年12月3日，英国首相卡梅伦访华，单独会见了郑渊洁，与其一起探讨了儿童读物的问题。卡梅伦好奇地问：你怎么做到一个人将一本月刊写了这么多年？

郑渊洁回答说，我是为了让父母高兴而写作。我的父亲是军队的一位低层军官，50岁时就离开了工作岗位。那时我看他终日沮丧，顿时显得老了很多，甚至怀疑他的生命还能坚持多久。但是《童话大王》创刊后，父亲一下子年轻了很多，整天精神焕发。我问父亲，您的精神状态这么好，难道是要官复原职？或者是要升迁？父亲回答说，都不是，他高兴是因为看到儿子能一个人写一本期刊。看到了儿子的成绩，对父亲来说，比当多大的官都提气。

那时我用钢笔写作，写到兴头上，如果钢笔没墨水了，就感到特别扫兴。有一个阶段我感到很奇怪：为什么自己的钢笔用了一个月之后竟然还有墨水？

有一天深夜，我去洗手间，看见父亲正在悄悄给我的钢笔灌钢笔水。这个场面，我一辈子也忘不了。当时父亲问，你一个人能将《童话大王》月刊写多少年，我回答，只要您和我妈妈活着，我就一直写下去。父亲说，好！只要你一直写下去，我和你妈妈就一直活着。现在，我的爸爸妈妈都85岁了，真是越活越年轻。

卡梅伦首相听后深有感触地说："为了让父母高兴，你这个写作的动力非常强大。"

郑渊洁为了让父母高兴，日复一日，月复一月，年复一年，不停地写。如今，他独自一个人已经将《童话大王》月刊写了32年，印数超过两亿册，早已成了家喻户晓、人人皆知的童话大王。

朱婷的巴菲特境界
∨

朱婷是中国著名女子排球运动员，1994年11月29日出生于河南省周口市郸城县秋渠乡朱大楼村。

2016年8月21日，在巴西里约奥运会上，22岁的朱婷带领中国女排夺取了时隔12年的奥运冠军，为祖国赢得了荣誉。作为中国女排的绝对核心，她荣获里约奥运会"女排最有价值球员"和"最佳主攻"的称号。教练郎平高度赞扬了她的表现，说她比自己当年都强。

在奥运夺冠之后，中国女排姑娘的身价直线上升，商业代言接踵而至，综艺访谈应接不暇。在中国女排队员中，自然是朱婷的名气最大，收入也最多。2016年，她的夺冠奖金、广告代言和商业活动等报酬，加上前往土耳其参加联赛的110万欧元年薪，总收入约合2000万人民币。

朱婷的这2000万收入，都是合理合法的血汗钱，没有人嫉妒，更没有人仇富，只有心悦诚服地羡慕。如果你知道了这些钱是怎么花掉的，就会更加佩服她。

她花掉了60万，为父母在周口市买了一套房子。这是她有了2000万之后做的第一件事，以此来表达对父母的感恩与孝敬。百善孝为先，孝子人人敬。

她花掉了110万，捐建了一所养老院，让家乡的养老事业得到了改善。

她花掉了360万，捐建了两所学校：一所是希望小学，帮助更多的贫困孩子上学读书;另外一所是排球学校,希望有更多的孩子学习排球,将来为祖国排球事业的发展做出贡献。

她花掉了800多万元,为家乡捐建了一条近20公里的柏油路,帮助乡里发展经济。

……

仅上面几项,朱婷就花掉了1350多万。可以说,她把2016年全年收入的一大半回馈了社会。在捐建养老院和两所学校的时候,当地政府工作人员曾询问她,是否以她的名字命名,她回答说:"这是每一个有责任的运动员都应该做的,自己的名字不值一提,没有必要。"

朱婷毫无争议地当选为2016"中国90后十大影响力人物"。乡亲们纷纷赞扬道:"她是个好闺女!""她是家乡的骄傲!"

巴菲特说:"我没有因为钱而改变自己的生活方式,但捐出的钱却可以改变千百万人的生活方式。"朱婷虽然没有巴菲特那么多钱,但却有着和他一样的高尚境界。

郑板桥定画价

清代书画家、文学家郑板桥到苏州居住后,在桃花巷的东头开了一家画店,以卖画为生。

郑板桥知道,在桃花巷的西头也有一家画店,是落第秀才吕子敬开的。此人体弱多病,上有爹娘,侧有妻子,下有孩子,生活十分艰难,专以卖画维生。此人确实擅长画梅花,说自己画的梅花是"远看花影动,近闻有花香"。

尽管郑板桥深知"梅兰竹菊"是"国画四君子","松竹梅"是"岁寒三友",且写下过不少赞美梅花的佳句,但人们所看到的,多是他画的竹子、兰花、菊花、松树和怪石,很少看到他画的梅花流传于世。

郑板桥的书画名气毕竟很大,所以免不了有人请他画梅花。每遇到这种情况,他总是笑道:"我画的梅花,比吕先生的差远了。他画的梅花栩栩如生,每个花瓣都活灵活现。走吧,我带你到吕先生那里求画去。"他还经常当众高度评价吕子敬的画,赞扬道:"吕先生画的梅花,即使我再学十年八年,也未必能赶得上。"

有个回苏州养老的吏部尚书,精通翰墨,有很高的鉴赏力,十分看重郑板桥的书画作品。这位老尚书以《梅花幽谷独自香》为题,到郑板桥的店里求画,并表示,愿意出50两银子的高价。

郑板桥虽为雍正年间的进士,但由于种种原因仕途并不顺利。他若能巴结上这位刚卸任的老尚书,无疑是改变命运的一个好机会。可是,他却推辞说:"尚书大人啊,说起画梅,还是吕先生画得好。这么说吧,他画的梅花值50两银子,我画的充其量也就值5两。"

老尚书听到此话,就拿着银子找吕子敬去了。从此之后,吕子敬的人气渐旺,自己也觉得今非昔比,甚至常以郑板桥定的画价自我夸耀:"在苏州城里,我要说自己是第二,那就没人敢说自己是第一了。"郑板桥听到此话后,不置可否,一笑了之。

三年后,郑板桥要搬到扬州去居住了。临行前,吕子敬前来送行。画友相别,当然得送丹青。郑板桥即席展纸挥毫,画面竟然是梅花。吕子敬全神贯注地看完了郑板桥的作画过程,惊讶得目瞪口呆。直到郑板桥把画作递到手里,他才如梦初醒,极为羞愧地说:"郑兄画梅强我十倍!既然有如此高超的画梅技艺,为何不早早教我?"

郑板桥平静的回答:"吕兄过誉了,你和我是两种画风。我如画梅,必有人喜。那样,吕兄的画酬就会少收许多。"

至此,吕子敬恍然大悟,感激地说:"郑兄所以不画梅花,且抬高我的画价,完全是为了给小弟留口饭吃啊!郑兄留给后世的不只是诗书画三绝的艺术珍品,更有闪闪发光的高尚人品!"

生命最后的火焰

在众人眼中,保罗·卡拉尼什是人生的大赢家。他有美国耶鲁大学医学博士学位,是"美国神经外科医生协会最高奖"的获得者,被誉为"斯坦福大学的天才医生"。他的事业如日中天,夫妻恩爱,正计划要一个宝宝。他即将取得斯坦福医学院外科教授的职位,并准备主持自己的研究室工作。他出类拔萃,没有人怀疑其前途无量。

然而,谁都不会想到,在2014年,死神突然造访了这个上帝的宠儿。保罗经常看到患者的影像片:"肺上布满了数不清的肿瘤,已经扩散得很厉害了,这是癌症晚期。"然而,他这次看到的影像片,患者却是36岁的自己。据统计,全世界只有万分之零点一二的人,才会在这个年纪遭此不幸。这个一直与死神战斗的人,却将在人生最美好的时段倒在死神面前。任何人,都不会舍得在人生最辉煌的时段与这个世界告别。

对保罗来说,这个病房实在是太熟悉了。正是在这个病房里,他曾多次祝贺病人痊愈,也曾多次宣布病人死亡……他曾想躺在这里好好睡一觉,休息休息。现在,他很清醒,自己就躺在这里。

在病房里,保罗和妻子露西相拥流泪。此刻,他失去了所有的光环,只是一个等待死亡的病人。他对妻子说:"我不想死!我爱你!我余生的每一天都想和你在一起!我最害怕的事,就是离开你!等我过世后,你就再婚吧!"

保罗毕竟是杰出的医生,对死亡屡见不鲜,比别人更熟悉,也更麻木。他知道,没有必要问:"得癌症的为什么是我?"他拿出了专业医生的沉稳,一边了解治疗方案,一边积极配合治疗。

可是,在笃定之后,保罗陷入了困惑和迷茫:"我到底还能活多久,几天,几月,还是几年?我到底该怎么活?"他发现,在死亡面前,科学、医生,包括自己,竟是那么无能。他还发现,人在此时比任何时候都会更认真地考虑生命的意义。每当他在疼痛中醒来,就一遍遍地重复法国作家塞缪尔·贝克特的话:"我无法前行,我仍将前行。"

那天早上,保罗做了一个决定:逼迫自己重回手术室。他说:"我无法决定死期,却可以决定生时。人生可以像蚂蚁一样的卑微,也可以像神一样的美丽——人生如蚁而美如神。"是的,在死神面前,他作为一个躺在病床上的病患,如常人一样的渺小,可拿起外科手术刀,穿上蓝色的手术服,却如神一般的伟大。

保罗真的回到了手术台前。起初,他体力不支,出现视力模糊和晕厥等,无法独立完成一个手术。然而,他操作手术的技巧迅速回升,一个月后就回到了巅峰状态,且可以坚持完成手术了。在查出癌症的第9个月,他仍然是手术室里的拼命三郎,几乎天天手术到深夜,甚至到凌晨。

保罗亲自操刀的最后那次外科手术,颇为完美:"皮肤缝合的天衣无缝,没留褶皱,没留痕迹,仿佛这台手术从未发生过。"这对护士们来说,是一天的圆满句号;而对于保罗来说,则是7年住院医生的圆满结束。

死亡近在咫尺,保罗仍有梦想,那就是:问鼎神经系统科学的高峰。他知道,自己已经站在神经外科的顶端,再坚持几个月,就可以结束马不停蹄的工作状态,顺利地从住院医生毕业。即使疲惫不堪,他也要飞到斯坦福去面试医学院外科教授的职位。他可以在高薪、美景、田园牧歌般的城市工作,他可以在数百万美元支持的神经系统科学实验室当老板。

然而,癌症如同螃蟹的大钳子,紧紧地夹住保罗,阻止其前进。他清醒地认识到,管好一个实验室,至少需要20年,自己剩下的时间有限,押在实验室上太不现实了。

不幸的是,保罗从医生变成了一个彻底的病人。病情一天天地恶化,药物已经无法控制病情,他必须接受化疗。化疗的副作用,让他不断呕吐,甚至吐出绿色的胆汁。剧痛、脱水,意识飘忽不定,他时时地被抢救。

在化疗结束后的那一天,伊丽莎白·阿卡迪亚出生了。那是保罗和露西的孩子,一个燃起全家希望的孩子,一个即将失去父亲的孩子。

保罗放弃了用呼吸辅助设备维持生命,选择了拿下面罩,腾出双手,为的是多抱抱自己的女儿。他写道:"她与我,只有短暂的交集。我只有一件事想告诉她:你一定不要忘了,你曾经让一个将死之人的余生充满了欢乐。在你到来之前的岁月,我对这种欢乐一无所知。我不奢求这样的欢乐永无止境,却觉得心满意足。此时,你是我生命中最重大的事。原来在这个世界,真有比自己生命更加值得珍惜的美好。"他轻柔而坚定地说:"面对一切,我都准备好了。"

保罗同病魔战斗了两年,在最后一年,只能靠读书和写作来对抗无情的病魔。他笔耕不辍,才华横溢,荣获了美国斯坦福大学英语文学硕士学位,荣获了英国剑桥大学科学史与哲学的硕士学位。他最大的遗愿,就是出版自己写的这本书——《当呼吸化为空气》。因为在这本书中,他是以天才医生和将死病患的双重身份,对生活、人性、生死、医疗做出了深刻反思。他对读者说:"如果生命只剩下最后的火焰,我也会用来照亮你眼前的路。"

"2015年3月9日,星期一,保罗在病床上去世。家人都陪在他身边。离病房不到两百米的地方,就是我们的女儿卡迪呱呱坠地的产房。"这是妻子露西,为其未完成的书,写下的最后的结局。"他努力努力再努力,就是要保障我的未来,不遗余力地确保我能继续好好生活,不用担心财务问题。"这是妻子露西在后记中写下的话。

如果保罗在天有灵,一定会倍感欣慰,因为他的遗愿不仅实现了,而且此书出版后改变了无数人的人生,甚至影响了世界。这本书,英文版出版不到一年就畅销近100万册,登顶《纽约时报》非虚构类图书榜单榜首,在美国亚马逊图书畅销总榜位列第一;在英、美、法、德、瑞典、希腊、印度、日本等40个国家和地区发行,无数人为之动容。因此,他成为2016年全球最受瞩目的作家之一。

阿图·葛文德是美国白宫最年轻的健康政策顾问,是影响奥巴马医改政策的关键人物,是受到金融大鳄查理·芒格大力褒奖的医生,是《时代周刊》2010年全球100位最具影响力人物榜单中的唯一一位医生。他评论道:"英年早逝的保罗·卡拉尼什的这部回忆录,是在用死亡告诉我们应该怎样活着。这本书既令人心碎,又极致美好。这本书令人敬畏,震撼人心,值得一读。如何生,死亡是最好的老师。"

请珍惜当下,记住尼采的这句话:"每一个不曾起舞的日子,都是对生命的辜负。"

不可过分认真

春秋末期的一天,东游的孔子感到很饿,便对弟子颜回说:"大家的肚子也一定都饿了,前面有一家饭店,你去讨一点吃的吧。"

颜回走进饭店,很礼貌地对店主人说明了来意。虽然店主人很爽快地答应了,但却提了一个条件。

颜回连忙问道:"什么条件?"

店主人回答:"我写一个字,如果你认识的话,我就请你们师徒吃饭;如果不认识的话,就将你赶出店门。"

颜回笑着自信地说:"我虽不才,但也跟着师傅孔子学习了多年,别说一个字,即使是一篇文章又有何难?"

店主人便拿出笔来,写出一个"真"字给颜回看。颜回看后捧腹大笑:"这个字我五岁就认识,不就是真假的'真'吗?我原以为是什么难认之字呢,你也太小看我颜回了。"

出乎意料的是,店主人不由分说地让手下人把颜回赶出了店门,并骂他这个不学无术之徒竟敢冒充是孔老夫子的门生。

颜回见到孔子以后,很委屈地讲述了方才的经历。孔子听后淡然一笑,带着颜回再次来到饭店,尚未等他说明来意,店主人便把刚才写好的那个字拿了出来。孔子说:"此字念'直八'。"店主听后高兴地把他们师徒请进店里,让他们吃饱喝足。

事后,颜回莫名其妙地问道:"师傅,那个字明明是念'真',可您刚才为什么说念'直八'呢?"

孔老夫子笑着说道:"有些事情是认不得'真'啊!"

比起颜回,古时候有个叫李强的人,也是个过分认真的人,其运气就更惨了。

李强与一个三十几岁的陌生人发生了争论,那人固执己见地说,四乘七等于二十七。李强说,不对,四乘七应该等于二十八。两人针锋相对,公说公有理,婆说婆有理,谁也没有说服谁,最后一起去找县太爷理论。

结果出乎意料,县太爷下令,象征性地打了李强二十大板。李强感到委屈,颇为不服,抱怨县太爷处事不公,是个糊涂官。县太爷却说:"你和一个坚持四乘七等于二十七的成年人争论,显然就是和一个有智障的人争论。这件事,足以说明你很愚蠢。难道你不知道连孔老夫子都主张不可过分认真吗?为了让你记住这次过分认真的教训,难道还不应该打你几板子吗?"

县太爷见李强一肚子的不服气,就提笔给他写了一个条幅:"大智若愚,为而不争。"

认真是美德,但不可太过分,太过分就容易碰壁。这就如列宁的一句名言所说:"只要再多走一小步,仿佛是向同一方向迈的一小步,真理便会变成谬误。"

才华
不可炫耀

莫言的幽默与低调

莫言原名管谟业,之所以给自己起了这个笔名是因为小时候打架打不过别人,于是他就编顺口溜骂人。老师到家里告状,致使父母合伙暴打了他一顿。因此,他记住了祸从口出,言多必失。后来,他把名字里的"谟"字拆成了两个字用作笔名,以警示自己少说为佳。

莫言获得2012年度诺贝尔文学奖的消息公布后,立刻成了备受关注的一个焦点。各大媒体的记者纷纷出动,或亲自上门,或电话采访……

令人敬佩的是:莫言以礼相待,不卑不亢,我行我素,无论是获奖后还是获奖前,都用幽默与低调的语言来回答各种提问。请看:

有记者问:"这次获得诺贝尔奖对你个人来说意味着什么?"莫言回答说:"对我个人而言,就是意味着我这段时间要接待你们。"周围的人哄堂大笑,他接着说:"我现在只希望快点从热闹喧嚣中解脱出来,记者们都回家,我也好继续创作。"

有记者问:"您认为您对人类精神的贡献在什么地方?"莫言回答说:"我对人类精神毫无贡献,我的贡献就是打破了作家的神秘感。大家看看,我这么一个熊一样的人,竟被说成'中国著名作家',对作家的神秘感和崇敬感,是不是顿时就会烟消云散呢?"

在北海道大学有人问:"得诺贝尔奖是不是作家的一种责任?"莫言回答说:"得诺贝尔奖并不是一种责任,没有任何一个作家有这种责任。""我写作的最直接动力,刚开始的时候很低下,为了挣点稿费,买一块手表,回家去骗个媳妇。后来媳妇也骗到了,吃饭也吃饱了,衣服也穿好了,我想,这时候对小说艺术本身的追求就成了我写作的最大动力。"

随后,莫言借题发挥说:"我对北海道的向往,有很重要的一部分就是对温泉的向往。那里的温泉,我以前在电视上看过多次,有很多猴子在里面泡了以后,皮毛油亮,面色红润,我就非常羡慕它们。""我泡一年温泉可以出两部小说,比猴子的收获也不差。"

有位主持人问:"您的小说其实走的是比较狂野的路线,肯定不是精致的路线,您对这个问题怎么看?"莫言回答说:"我们有一个形象的比喻,当这个世界所有的乌鸦都变成凤凰的时候,是多么的单调。所以我们要有凤凰,要有乌鸦,要有麻雀,要有孔雀,那才好看。当然,我是乌鸦。"

有位文学爱好者问:"对文艺创作中的'意识流'一词该如何理解?"莫言回答说:"电影《红高粱》中那小孩在地上撒尿形成了轨迹,这流动的过程就叫'意识流'。"此话让现场所有人笑得前俯后仰。

有人问:"您的小说被改编成电影,有的地方与原著不符,您怎么看?"莫言回答说:"我不是鲁迅,也不是茅盾,导演想怎么改就怎么改,就算是把《红高粱》里的'我爷爷'、'我奶奶'改编成在高粱地里实验原子弹,也与我无关。"

当许多记者盛赞莫言的作品时,莫言低调地说:"高粱地里出来的文章都是平常东西,有啥可说的。"

有朋友带领奥地利的莫言研究者去莫言的老家,莫言和父母一起迎接。见到有外国人来到家里,莫言说:"非常欢迎!我父母除了在日本鬼子进村的时候见过外国人,还没见过别的外国人呢。"

功成名就之后的莫言依然爱写打油诗,其中有两首很能体现他为人处世的特点。一首是《自嘲》:"读书从不求甚解,得理更愿让别人。谓我狂者不知我,俺本老实厚道人。"另一首是《真谛》:"世上本无事,庸人自扰之。富贵如浮云,功名皆虚拟。往昔是幻景,今朝似梦臆。心静如止水,正定求真谛。"

莫言是一位老实厚道的诺贝尔文学奖获得者,是一位非常幽默与低调的诺贝尔文学奖获得者,也是一位境界高尚的诺贝尔文学奖获得者。

珍惜忍让
v

1994年6月19日,乔羽、佟琦夫妇迎来了结婚40周年纪念日。儿女们为了给老人庆贺,特意选了一家典雅、宽敞的歌舞厅。意想不到的是,竟有上百位亲朋好友闻风而来,其中还有央视的记者。有位年轻的朋友突然发问:"两位老人能和睦生活40年,有什么秘诀吗?"这一问,让在场的人们都安静下来洗耳恭听。乔羽反问那位朋友:"怎么说呢?"那位朋友快言快语:"实话实说。"乔羽把玩着自己的酒杯,看了看大家,开口道:"如果让我说实话,只有一个字——忍。"还没等朋友们醒过神来,夫人佟琦赶紧补了一句:"我有四个字——一忍再忍。"歌舞厅内,顿时哄堂大笑,掌声热烈。

唐朝时潞州有一个农民,家中五世同堂。唐太宗李世民讨伐并州时路过这家,召见其家中长辈,问道:"你有什么办法使五代人和睦地住在一起呢?"这位长辈回答说:"我没有其他办法,只是一个字——'忍',就是大家都能互相忍让。"唐太宗听后,深以为然。

唐朝的张公艺是治家有方的典范,活到99岁。他家900多口人,九世同堂,共居一起,和睦相处,备受尊敬,一时传为美谈。有一天,唐高宗李治亲临他家,问:"何以能九世同堂?"张公艺给唐高宗看了自己的家训《百忍歌》:"忍是大人之气量,忍是君子之根本;能忍夏不热,能忍冬不冷。能忍贫亦乐,能忍寿亦永。贵不忍则倾,富不忍则损；不忍小事变大事，不忍善事终成恨。父子不忍失慈孝，兄弟不忍失爱敬；朋友不忍失义气，夫妇不忍多争竞……人生不怕百个忍，人生只怕一不忍；不忍百福皆雪消，一忍万祸皆灰烬。"然后，他写了一个大大的"忍"字。唐高宗很是钦佩，赏给了他家大批绸缎。

忍，骨肉亲人之忍，是忍让，是包容，是境界，是真爱。忍的过程是苦涩的，但果实是甜蜜的。一则《无名氏忍箴》中说得好："富者能忍保家，贫者能忍免辱，父子能忍慈孝，兄弟能忍义笃，朋友能忍情长，夫妇能忍和睦。"

要珍惜一直愿意忍让自己的人，因为那就是真爱自己的人。

珍藏羞辱

小栗忠顺是日本近代陆海军的始祖。他出任过德川幕府的外国奉行，相当于外交部长；出任过勘定奉行，相当于财政部长；出任过步兵奉行，相当于国防部长。

1860年，小栗忠顺趁赴美互换《日美友好通商条约》批准书之时，参观了华盛顿的一家造船厂。他看着一艘又一艘的大船，羡慕不已，雄心勃勃地对美方陪同人员说："将来我们日本也要造这样的大船。"

出乎意料的是，这个陪同人员嗤之以鼻，傲慢地说："你们日本只能买船，别说造船，即便船掉了漆、生了锈，你们都修不了。"听到这话，小栗忠顺满脸通红。他有自知之明，日本的造船业的确是一张白纸。

更没有想到的是，这个陪同人员随手拿起一个螺丝钉，继续说："你们日本连这样的小小螺丝钉都生产不出来，谈何造船！没有起码的技术，造船只不过是空想而已。"这话深深刺痛了小栗忠顺的心，让他感到了一种莫大的羞辱。

自尊心极强的小栗忠顺差点恼羞成怒，但话到嘴边又咽了下去。他沉默片刻，双眼紧紧盯着陪同人员手中的螺丝钉。十几秒钟之后，当陪同人员要放下那个螺丝钉时，小栗忠顺伸出了双手，恭恭敬敬地接了过来。随后，他深深鞠了一躬，一本正经地说："您说得有道理，我都记在心里了，非常感谢您的赐教。"

小栗忠顺回国后，不顾一些幕府阁僚的强烈反对，力主建造了日本第一家横须贺造船厂和横须贺制铁厂等现代工厂。他从欧美购进44艘新式军舰，建立了近代海军，还训练西式陆军，为日本军事近代化奠定了坚实的基础。日本著名历史小说作家司马辽太郎在《叫作"明治"的国家》一书中，亲切地把小栗忠顺称为"明治之父"。

小栗忠顺为建设日本的现代化工业，投入了惊人的大量钱财，传说他建厂的总费用高达40万两黄金。这对当时的日本来说，简直是一个天文数字。他的政敌怀疑他贪污了巨额的钱财，于是抄了他的家，企图搜出他贪污的证据。但是，他们翻遍了每一个角落，结果一无所获。就在大失所望之际，他们突然在一个隐秘处找到了一个做工精巧又收藏很好的小盒子。他们如获至宝地打开这个小盒子，发现里面装着的既不是稀世珍宝，也不是什么藏宝图，而是从华盛顿造船厂带回的那枚螺丝钉。

现在，小栗忠顺从华盛顿造船厂带回的那枚螺丝钉，已经被其家乡群马县的东善寺所珍藏。尽管150多年过去了，但那枚螺丝钉并没有锈迹斑斑，依然保持着油亮的深黑色。东善寺的住持村上泰贤，经常小心翼翼地拿出那枚螺丝钉，满怀敬意地向游客讲述小栗忠顺的故事。住持特别推崇小栗忠顺生前珍藏那枚螺丝钉时所说的话："一个人，与其珍藏荣誉，不如珍藏羞辱。敢于正视羞辱，才能激发前进的力量。"

改变命运的《告别曲》

∨

奥地利作曲家弗朗茨·约瑟夫·海顿是"维也纳古典乐派"的杰出代表,被誉为"弦乐四重奏奠基人"和"交响乐之父"。他曾经担任过斯合哈奇公爵府邸乐队的队长,指挥着30名出类拔萃的乐师。

有一天,公爵突然对海顿说:"我准备近日遣散你领导的这支乐队,请你们都做好准备。"海顿听后大吃一惊,这就意味着30名乐师和自己即将失去稳定的工作,丢掉养家糊口的饭碗啊!

乐师们得知了即将被遣散的不幸消息后,都很悲观,很郁闷,纷纷劝说海顿去请求公爵,争取保留这支乐队。其实,乐师们和海顿都知道:公爵是个说一不二的人。他决定下来的事情,无论怎样央求,都是很难改变的。

海顿思来想去,告诉各位乐师:"我尽快谱写一首《告别曲》,在遣散之前的告别晚会上演出。争取能以此感动公爵,使其改变初衷,收回成命。"

几天后,告别晚会开始了。在海顿的指挥下,乐队一如既往、一丝不苟地演奏。《告别曲》以明亮、欢快、优美的抒情旋律开始,将公爵与乐师们的昔日友谊表达得情真意切、淋漓尽致。公爵全神贯注地听着,越听越感到亲切,越听越感到真诚,以至于感动得热泪盈眶。

但是,《告别曲》逐渐由明快转为平缓,由平缓转为黯淡,由黯淡转为悲凉，既委屈又凄婉，就像深秋的寒意在大厅里弥漫开来。

在《告别曲》演奏临近尾声之际，首先是一名吹双簧管的乐师停下来，站起身向公爵深深地鞠了一躬，吹灭了乐谱架上的烛炬，抱起乐器离场了；其次是一名吹圆号的乐师停下来，站起身向公爵深深地鞠了一躬，吹灭了乐谱架上的烛炬，抱起乐器离场了；再次是一名吹大管的乐师停下来，站起身向公爵深深地鞠了一躬，吹灭了乐谱架上的烛炬，抱起乐器离场了……拉低音提琴的乐师、拉大提琴的乐师、拉中提琴的乐师、拉小提琴的乐师，等等，都在重复同样的动作后，一个接着一个地退出了演出。

最后，空荡荡的舞台上只剩下了海顿一个人和一支在黑暗中闪烁着微弱光芒的蜡烛。他停止了指挥，转过身向公爵深深地鞠了一躬，也要慢慢地离开。

此刻，困惑的公爵再也忍不住了，大叫起来："海顿，这是怎么回事？"

海顿平静、诚恳地回答："尊敬的公爵大人，这是乐队的全体乐师在向您作依依不舍的告别啊！"

公爵突然醒悟过来，急忙悔恨地喊道："不！请让我再斟酌一下。我要做出新的决定！"

就这样，《告别曲》表达的深厚情谊，促使公爵当即表态：让海顿和30名乐师全都留下来。

后来，乐师们感激地对海顿说："是您的《告别曲》改变了我们的命运。"

看透玩命者

苏轼和章惇同朝为官,不仅都很有才华,还都乐山乐水,年轻时是很合得来的好朋友。

有一天,他俩听说陕西仙游潭的风光极好,便结伴出游。到了仙游潭,他们不禁感叹:"真是无限风光在险峰!"因为,下面是万仞绝壁,岸很狭窄,横木架桥,让人望而生畏。

此时,章惇兴致大发,唆使苏轼从桥上走过去,到对面的绝壁上题字留念。苏轼说:"太危险了!我不敢去。"章惇听后二话没说,自己冒险去了绝壁,然后用绳子将自己吊在树上,从容地攀爬上下,在绝壁上留下了一行大字:"章惇苏轼到此一游。"

当章惇回到苏轼身边洋洋得意之时,苏轼抚摸着章惇的后背说:"你一定能杀人。"章惇大惑不解地问:"为什么?你怎么这么说啊?"苏轼回答:"我现在已经看清楚了,你是个敢玩命的人,敢玩自己的性命,当然更敢玩别人的性命,所以才说你一定能杀人啊。"章惇听后哈哈大笑,不置可否。苏轼聪明绝顶,确有知人之明,他认为,不珍爱自己性命的人,很难会珍爱他人性命。

章惇拜相之后,因为政见不同,把年近花甲的老朋友苏轼贬到岭南惠州。苏轼是个随遇而安的人,在被贬地以苦为乐,写下这样的诗句:"日啖荔枝三百颗,不辞长作岭南人。""为报先生春睡足,道人轻打五更钟。"这些诗句流传到京城,章惇看后勃然大怒:"好嘛,我贬了你,你竟然还如此快活!如此惬意!"于是,章惇又把苏轼贬到了更加偏远的不毛之地——海南岛的儋州。

春秋时期齐国的第十五位国君齐桓公,曾前去探视躺在病榻上的相国管仲,请教他对几个人的看法。齐桓公问:"竖人貂这个人为了达到入宫侍奉我的目的,不惜自残其体,阉割了自己。这说明他爱我超过爱自己的身体,难道对这种人还能怀疑吗?"

管仲答:"看重自己的身体本是人之常情,可他却拿自己的性命当儿戏,自残却毫不手软。如此残忍的家伙,对您又能怎样呢?"管仲认为,不珍爱自己身体的人,也不会珍爱他人的身体。因此,不可重用竖人貂。

后来的历史证明,管仲的主张是完全正确的。遗憾的是齐桓公没有听从管仲的忠告,结果晚年患病时被竖人貂之类的乱臣所禁,竟然被活活地饿死。

苏轼和管仲看透玩命者的智慧,至今依然闪烁着真理的光芒。一般地说,拿自己性命当儿戏的人,也会拿别人的性命当儿戏,不可不防,更不可委以重任。

从鉴宝到识人

国学大师王国维,是中国近现代相交时期的一位享有国际声誉的著名学者,曾做过清朝末代皇帝溥仪的老师。郭沫若称他为新史学的开山,在教育、哲学、文学、戏曲、美学、史学、古文学等方面均有深诣和创新,在中华民族文化宝库中留下了广博精深的学术遗产。

有一天,王国维邀请被迫退位的末代皇帝溥仪到家中做客,并热情地向小皇帝展示自己珍藏半生的古董字画和金石玉器。尽管溥仪看得似乎漫不经心,但却随手指着其中的几件说:"这些都是假货。"

王国维大吃一惊,心想:"凭着自己的美学和史学造诣,这些精挑细选的古董怎么可能是假货呢?小皇帝根本没仔细看,怎么竟能如此轻而易举地辨别出真伪呢?"他很不信服,于是找同行的朋友帮忙鉴别之后,又去找古玩店的专家鉴定,结果他们都一致认为:那些藏品确实是赝品。

王国维对这位年纪轻轻却颇有眼力的小皇帝佩服得五体投地,便找机会向其请教鉴别藏品真伪的妙诀。溥仪淡淡地说:"我不懂你们那些鉴别的方法、技术,只是对宫里的藏品看得多了,看得久了,觉得那几件玩意儿和我家里的那些不太一样罢了。"

从上面王国维和溥仪的故事,不禁想到了收藏家、古董鉴赏家马未都关于如何鉴别真品和赝品的一段话:我从来不研究赝品,更何况每件赝品的破绽都是不同的。每个月，我都要抽空到博物馆泡上一整天，不干别的，就是盯着古董看，一直看熟看透为止，收藏界管这叫养眼。经过这样反复无数遍的养眼，眼睛就只会适应真品的感观，今后一旦看到赝品时就会觉得非常扎眼。

由物及人，马未都还说了一段更有价值的话：识别好人和坏人，有如鉴别真品和赝品，并不需要我们同坏人泡在一起，去了解他们的习性和特点，只要我们多与好人交流和接触，那么，好人的一举一动、一笑一颦，就会不断地"滋养"我们的眼睛、心灵和感觉，以后一旦遇上坏人，就会觉得"非常扎眼"、"特别不习惯"，从而识破坏人的伪装和伎俩。

上面这些从鉴宝到识人的经验非常宝贵，有益于我们结识益友、远离损友。因为，立身成败，在于所染；一个人结交什么样的人，就很可能成为什么样的人。

开到哈佛大学的包子店

童启华是浙江台州温岭人,英文名是Tom。他用10多年时间,在杭州开了160余家包子店,年销售额近2亿元。他将传统手工作坊式包子店发展成杭州甘其食餐饮管理有限公司,荣获了由杭州餐饮烹饪协会评定的荣誉称号——"最受杭州市民喜爱的鲜汁肉包"。

2016年7月7日,经过两年的准备,童启华在美国的第一家包子店正式开张了。正式营业前,包子店试营业一周,即定向邀请试吃活动,结果好评不断。

包子店的位置处于黄金地段,即马萨诸塞州波士顿市剑桥镇的哈佛广场。这是哈佛大学的生活服务核心区,汇集了多家咖啡馆、餐馆、书店,人气很旺,当然租金也不菲。

包子店的17个厨师全都是美国人,他们是从600多份应聘简历中被挑选出来的,正式上岗前通过了3个月的培训和考核。一名厨师的培训费,最多达10万美金。他们按照标准,1分钟之内能把22个面团擀成面皮;1分钟之内能把22个面皮包成褶皱一样的包子;每个生包子的重量是100克,其中面皮60克,馅料40克,误差范围不能超过2克。这些做惯了西餐的洋师傅,一开始做包子难免有些笨手笨脚,但经过培训后个个技艺高超,得心应手。他们就像对待艺术品一样,每完成一蒸笼满意的包子就击掌庆贺。与周围的汉堡店、比萨店的员工相比,他们的待遇至少高出15%，有的员工年薪高达10万美金。童启华说："尊重这个行业，就要尊重我们的员工，进而让我们的员工尊重我们的顾客。"

包子有经典猪肉包、咖喱牛肉包、酱烧鸡丁包、香菇青菜包、鲜橙红薯包，还有当地特色的龙虾包。各类肉包比香菇青菜包便宜，因为美国的养殖业比较发达，肉类价格相对便宜；香菇青菜都是最新鲜的有机食材，冬天来自墨西哥，夏天来自加拿大。最便宜的鲜橙红薯包，每个税前3美元。龙虾包较贵，每个税前至少6美元。

针对很多老外对包子缺乏了解的现状，点单台上放了3份说明，顾客可以按需取阅。一份是关于包子的工艺，一份是菜单，一份是包子的四种感觉：视觉、触觉、味觉、嗅觉。包子店简约的装修风格，可以让顾客隔着玻璃窗观看包子是怎么做出来的。

也许很多人会担心：美国人会吃包子吗？童启华回答："当然会！美味没有国界，关键是要做出最地道的美味。"如果汉堡是标志性的美国食物，那么包子就是经典的中国传统食物，更是一种跨国文化的交流和沟通。"这正是他敢于公开叫板美国汉堡，把包子店开在哈佛广场汉堡店隔壁的原因。

果然不出童启华所料，哈佛大学的学生很开放、很包容，也很乐于接受美味飘香的新食物。有个女生一口气吃了4个包子，还觉得有点不过瘾。包子逐渐成为众多学霸、教授口中的美味，也成为会议聚餐的"定制"点心。哈佛大学附近的居民，也对包子表现出了极大的兴趣。每天一大早，包子店就排起了长队。在美国人眼里，包子是中国历史悠久的传统精细手艺，他们愿意为此买单。

剑桥中国文化中心董事长纪虎民说："波士顿包子第一家旗舰店终于开张了，太开心了。"许多慕名去包子店品尝美食的美籍华人动情地说："包子是中国人的集体乡愁。"

童启华充满信心地谋划，在未来的三至五年，还要在美国开设 20 多家包子店。他说："美国需要一个令他们疯狂的中国传统美食，就像星巴克代表咖啡，麦当劳代表汉堡一样，我的 Tom'Bao Bao 将来一定能代表包子。我对自己的定位是：做最好的包子。"

不错，只要做到最好，即使只是把司空见惯的家常包子做到最好，也照样可以成为走向世界的品牌。

用自己的光环衬托他人的荣耀

∨

2016年10月16日,第28届中国电视金鹰奖在长沙揭晓。34岁的胡歌凭借在《琅琊榜》中的出色表演,拿到了金鹰电视艺术节的双料大奖:"观众喜爱的男演员"和"最具人气的男演员"。

可是,胡歌被热议的并不是拿了双料大奖,而是把别人甩出了几条街的获奖感言。因为,他在发表获奖感言的时候完全没有讲自己的努力,而是由衷地赞美了三位演员:郑佩佩、林依晨和李雪健。

胡歌首先把由衷的赞美献给了为自己开奖的郑佩佩老师。他说:"我的第一部戏就是跟郑佩佩老师合作的。那时候横店已经是深秋,天气很凉,而郑佩佩老师拍戏没有助理。有一场戏需要她躺在地上演,在剧组布景布光的时候,她就躺在那里半个小时,没有任何怨言,这让我知道了演员在现场应该是怎么样的。"

随后,胡歌把由衷的赞美献给了坐在台下的林依晨。他说:"我要感谢林依晨,她对我说过两句话,是在我们拍摄《射雕英雄传》的时候。第一句话,她说,演员演戏是一个探索人性的过程。第二句话,她说,她是在用生命演戏。这两句话我会记住一辈子。"这几句感言,不仅让林依晨感动得热泪盈眶,也让旁边的佟丽娅泪光闪闪。

接下来,胡歌把由衷的赞美献给了获得提名但没获奖的李雪健。他说:"我昨天非常有幸和李雪健老师同一班飞机来到长沙,李雪健老师德高望重,这么高的年龄,他只带了一个随行人员。我很惭愧,我带了三个,而且体型都非常壮硕。他让我明白了生活中一个真正的演员是什么样子。"下台后,胡歌走到李雪健老师面前,双手合十鞠躬,说了一句:"受之有愧。"毫无疑问,这会让前辈的心里很温暖。

其实,胡歌以往的多次获奖感言,都有谦卑自己与赞美他人的显著特点。这并非偶然,而是他骨子里的教养使然。为什么这样说呢?

2008年,胡歌拍《射雕英雄传》时出了车祸,面部受伤缝了上百针。伤愈之后,他的帅气受损不少,演戏时右眼常有些僵硬、别扭。就在他的事业跌入谷底之时,妈妈对他说:"以前,观众最在意的是你的外表。现在,上天在你的脸上开了一扇窗,观众将更多地看你的内在。"他牢牢地记住了妈妈的这句话,并有了一句勉励自己的口头禅:"皮囊坏了,就用思想填满它。"

相由心生。尽管胡歌的面相比车祸前差了些,但人气却越来越高了。因为,他内在的心灵美,不仅弥补了脸部的损伤,而且使他的面相变得更加可爱,更加值得尊敬,更加值得赞赏。因为,他总是用自己的光环衬托出他人的荣耀。

理直气和与义正词婉

齐景公召见治理了三年东阿的晏子，怒斥道："我认为你能力还可以，才让你去治理东阿。可是，你却将其治理得混乱不堪。你仔细反省吧，看我如何对你治罪！"

晏子知道齐景公此举失察，是在惩善，却理直气和地说："请准许我改变治理东阿的方针和办法。如果三年后还治理不好，可判我死罪。"齐景公答应了他。

第二年年终，朝廷考核地方官的政绩并进行表彰时，齐景公对晏子说："您将东阿治理得很好！应祝贺与奖赏啊！"

晏子知道齐景公此举荒谬，是在奖恶，却义正辞婉地说："我从前治理东阿，不听从私人请托，不接受财物送礼；水泽池塘的鱼，都让贫苦百姓受益。那时，百姓没有挨饿的，可是您反倒怪罪我。如今我治理东阿，听从私人请托，接受财物送礼；加倍征收赋税，很少上交国库；水泽池塘的鱼，都给权贵获利。现在，挨饿的百姓已超过半数了，国君您反倒祝贺、奖赏我。我很愚蠢，不能再去治理东阿了，希望恩准我告老还乡，给有才能的人让路。"晏子说罢，拜了两拜，即欲离去。

此刻，齐景公恍然大悟，赶紧离开座位向晏子道歉："还是您再去治理东阿吧。东阿，是您的东阿，我不再干预了。"

从晏子治东阿的故事，不禁想到了历史学家、教育家钱穆的题词。

那是在 20 世纪 50 年代，香港新亚书院的教授带着学生给钱穆拜年，并请其写几句鼓励的赠言。于是，钱穆写了一副对联。上联是："理直气和义正词婉。"下联是："境由心造事在人为。"

有学生不解地问："不是'理直气壮'与'义正词严'吗？"

钱穆解释说："理既直了，还需要那么气壮吗？义既正了，又何必言词严厉而咄咄逼人呢？在很多时候，理直不必气壮，反而可以气和；义正不必词严，反而可以词婉。"

古往今来的许多事情都可以证明：理直气和往往比理直气壮的效果好，义正词婉往往比义正词严的效果好。因为宽容、亲和与友善更具说服力，因为有时怎么说甚至比说什么更重要。

顺序决定后果

有时候，出场的顺序决定后果。比如田忌赛马。田忌常与齐国的贵族们赛马，并下很大的赌注。孙膑看见他们的马分为上中下三等，同时马的能力相差不多，于是对田忌说："你只管和他们赌重金，我有办法可以使你取胜。"田忌听信孙膑的意见，下了千金赌注和齐威王及贵族们赛马。等到临场比赛的时候，孙膑对田忌说："现在用你的下等马和他们的上等马比，用你的上等马和他们的中等马比，用你的中等马和他们的下等马比。"三次比赛结束后，田忌以一败两胜，赢得了千金赌注。因此，田忌把孙膑推荐给齐威王。齐威王向孙膑请教兵法，并拜他为军师。

有时候，奏章的顺序决定后果。比如晚清重臣曾国藩曾多次率领湘军同太平军打仗，可在鄱阳湖口战役中，几乎是打一仗败一仗，连自己的老命也险些送掉。他不得不上疏皇上，表示自责之意。幕僚李元度看到奏章书里有"屡战屡败"的字样，便建议将其改为"屡败屡战"。这一改，皇上不仅没有责备曾国藩，反而赞扬他不屈不挠，勇气可嘉，可担重任。

有时候，说话的顺序决定后果。比如有个教徒在祈祷时来了烟瘾，便问在场的神父："祈祷的时候，可不可以抽烟？"神父回答："这是对神不尊敬，不行。"另一个教徒也想在祈祷时抽烟，便问在场的神父：

"吸烟的时候,可不可以祈祷?"神父回答:"抽烟都不忘祷告,可以。"

有时候,写字的顺序决定后果。比如大书法家于右任是国民党的元老,曾出任国民政府监察院院长。那时的一些"国府大员"表面上衣冠楚楚,实际上一点斯文都没有,甚至随处小便,搞得堂堂国府大院臭气熏天。于老先生看不下去了,就写了一张"不可随处小便"的告示,让秘书贴在墙角处,但过了不一会儿,告示便不翼而飞。原来,是一位酷爱书法者看到告示上的字太漂亮了,便将其揭了下来,并裁成七块,将字序重新排列为:"小处不可随便。"经过裱装后,"不可随处小便"的告示,就变成了一条颇为严肃的警世箴言。

有时候,作诗的顺序决定后果。比如在诗中写"我想和你一起睡觉"的人,被骂为"大流氓";在诗中写"我想和你一起起床"的人,却被赞为"徐志摩"。

既然很多时候顺序都可以决定后果,那就不可不慎之又慎。

实现梦想的能力
∨

马丁是美国图灵制药公司的首席执行官,是典型的"华尔街之狼"。为了牟取暴利,他从美国葛兰素史克公司买断了达拉匹林的配方,成为唯一获得美国食品药品监管会批准的此类药物生产商。紧接着,他把达拉匹林的售价抬高到 750 美元,是原售价 13.5 美元的 56 倍!

达拉匹林是治疗艾滋病和疟疾病的特效药、救命药。过高的药价,让许多生命垂危的病人无力承受,只能坐以待毙。马丁成为千夫所指的"无良药商",但大家除了愤怒与谴责之外,并没有什么好办法,因为他垄断了此药的一切。

2015 年 9 月,悉尼文法学校的六七个对化学感兴趣的 10 年级高中生,知道了艾滋病人和疟疾病人挣扎在死亡线上的困境之后,义愤填膺,决定跟"大奸商"马丁对着干!他们成立了研发小组,决心要研制出物美价廉的达拉匹林。

随后,这几个年仅 16 岁的"小科学迷",把计划告诉了化学老师宾斯:"达拉匹林是救命药,但是那么多人却买不起!不管马丁用什么理由抬价,都太不公平、太没人性了!因此,我们想研发达拉匹林。如果我们成功了,就会让更多的病人有机会活下去!"

宾斯老师说:"研发药物是一件非常困难、非常危险的事情。你们必须考虑清楚,然后我才能同意。"他没想到,"小科学迷"的回答格外地认真细致。尽管他们的方案还很不完善，但他被他们的善良感动了，也被他们的聪明才智震惊了。他立刻去找校长商量。结果，校长不仅同意，还特许他们使用学校最好的实验室，并建议宾斯当他们的指导老师，与他们一起研发。

有了校长和老师的支持，有了最好的实验室，"小科学迷"高兴极了！他们干得热火朝天，课外时间几乎全都泡在实验室里。可是，合成达拉匹林最常用的方法和配方都已被垄断，他们必须另辟蹊径。对于连元素周期表还没背熟的高中生来说，合成达拉匹林实在是太难了！他们自学完高中化学之后，又自学大学生和研究生的化学教材，甚至啃起了最顶尖、最难懂的医学论文。就这样，他们一边学，一边做实验。

悉尼大学的化学家爱丽丝博士非常佩服这帮"小科学迷"，因而主动申请担任他们的指导老师，还促成了悉尼大学和悉尼文法学校联合实验室的诞生，其目的就是为了让他们的想法和能力得到最大的发挥！

在爱丽丝博士和化学老师的指导下，经过一年多的实验和无数次失败之后，"小科学迷"终于合成了完全可以与图灵公司相媲美的达拉匹林。令人惊叹的是，他们研制的3.7克达拉匹林，成本还不到20美元！这要是放在美国市场，其售价将高达数万美元！他们在申请了专利之后，为了让更多的人受益，立刻把配方和实验方法等都公布在了网络上。

"小科学迷"兴奋地说："一开始的时候，我们只是想尽自己最大的努力去反抗无良的商人，帮助病人，但对于能否成功，并没有足够的信心。我们遇到了很多困难，甚至想过放弃，但最后还是坚持下来了。现在，我们真的可以帮到病人了！这个过程虽然很辛苦，但至少我们向世界证明：救命的达拉匹林已经不再是一种奢侈品！"

2016年11月30日，澳大利亚皇家化学研究会在新洲举办了一年一度的"有机化学研讨会"。在这个大洋洲化学界的顶尖学术会议上，"小科学迷"研发的高端药品——达拉匹林，得到了充分的认可和肯定。

爱丽丝博士为"小科学迷"感到自豪，她赞赏地说："在这一年中，我和化学老师只是给他们提供了一些帮助，但主要的想法和实际的操作，都是这帮孩子独立完成的。这个研制成果，应该属于他们！"

为了鼓励"小科学迷"的善良和智慧，悉尼文法学校授予他们"荣誉学生"的称号；世界各地的许多顶尖大学，纷纷争相破格录取这几位拥有超强实践能力的高中生！

谈话的"红绿灯法则"

马克·郭士顿是美国研究沟通技巧的专家,其著作《只需倾听》被翻译成了14种文字,畅销多个国家。

马克·郭士顿有一个研究课题,是对人们说话不同时段效果的研究,他将其概括为与人谈话的三阶段理论。

第一阶段:你说话直奔主题,重点突出,能引起对方的兴趣。你能切实感到对方在认真地聆听,因而自我感觉很好。

第二阶段:由于你的自我感觉很好,说的话也越来越多,感觉也越来越好。由于你说话速度的加快与质量的降低,听者的注意力开始下降。但是,你的自我感觉依然很好,所以不会注意到听者逐渐厌倦。

第三阶段:你发现听者已经走神了,便说得更加卖力气,企图重新赢得听者的注意力,让听者重新跟上你的节奏。

根据对与人谈话三阶段的分析,马克·郭士顿向人们提出了一个建议:如果说话进入到了第三阶段,就不要再啰里啰唆了,而应该让听者说话,自己当倾听者。这样,形成互动,谈话才能愉快地进行下去。

古语说,医者不自医。俗话说,自己的刀削不了自己的把。有一次,马克·郭士顿应邀参加好朋友马蒂·乃姆克主持的一个访谈节目,口若悬河地说了过多的话。

马蒂·乃姆克友善地向马克·郭士顿提出了自己的建议:"你是研

究沟通技巧的专家,更应该善于做一个倾听者。"随后,马蒂·乃姆克介绍了自己主持节目多年的一个重要体会,即一分钟谈话的"红绿灯法则"。

在谈话刚开始的 20 秒,你的谈话红绿灯是绿色的。这时候,你说的话开门见山,听者会很认真地听,并能迅速地吸收。

在接下来的 20 秒,你的谈话红绿灯就变成黄色的了。这表明,听者已经对你的谈话逐渐失去了兴趣。

在谈话的 40 秒之后,你还收不住话匣子,滔滔不绝地没完没了,你的谈话红绿灯就变成红色的了。此时,你务必牢记:让自己闭嘴,让对方说话。不然,势必是画蛇添足,事与愿违。

马克·郭士顿听后,如醍醐灌顶,十分感谢地说:"你总结的一分钟谈话'红绿灯法则',比我的'谈话三阶段理论'更加简明扼要,更加便于记住,更加有操作性。"

聪明者与智慧者

∨

聪明者多靠感官,即所谓耳聪目明;智慧者多靠心灵,即所谓慧由心生。

聪明者多得益于先天的遗传,智慧者多得益于后天的修炼。

聪明者多善于说,比较高调;智慧者多善于听,比较低调。

聪明者多锋芒外露,引人注目;智慧者多玉韫珠藏,大智若愚。

聪明者多知道什么时候该出手,智慧者多知道什么时候该收手。

聪明者多拿得起,智慧者多放得下。

聪明者多怕吃亏,智慧者多怕占便宜。

聪明者多关注个人和局部,智慧者多关注他人和整体。

聪明者多看重眼前利益,智慧者多看重长远利益。

聪明者多解决当前麻烦,智慧者多消除未来隐患。

聪明者多从自己的过失中吸取教训,智慧者多从别人的过失中吸取教训。

聪明者多能点亮自己,让自己闪光;智慧者多能点亮别人,让别人灿烂。

聪明者不一定够智慧,智慧者一定够聪明。

聪明者比较多,十中常有一;智慧者比较少,百中常无一。

聪明者提升自己最直接有效的办法是多谦虚,因为谦虚能使聪明的光芒不刺眼；智慧者提升自己最直接有效的办法是多善良，因为善良能使智慧的境界上档次。

拒绝诱惑
∨

在韩非子著的《初谭集·廉勤相》与《淮南子·道应训》中，记载了一个《鲁相嗜鱼》的故事：

公孙仪是战国时鲁穆公手下的宰相。知道宰相特别喜欢吃鱼的人，都争先恐后地买鱼献给他，但他拒不接受。他的学生问："您喜欢吃鱼又不接受别人献的鱼，这是为什么呢？"他回答："正因为爱吃鱼，我才不接受。如果我收下了别人送来的鱼，就是迁就他们的投其所好；迁就他们的投其所好，就会枉法；枉法，就会被罢免相位。到了那时候，即使我再爱吃鱼，这些人也不一定给我送鱼了，我也不能给自己买鱼了。如果我不收下别人送来的鱼，就不会被罢免相位。这样，无论是什么样的好鱼贵鱼，我都能买得起，吃得起。"

《清朝野史大观》中，记载了一个《封其人眼》的故事：

清道光年间的刑部大臣冯志圻酷爱碑帖书画，但对外人极少吐露，以防别有用心之徒投其所好，施其所求。有一天，其下属送给他一本宋代拓本碑帖。他触目自警，立即原封不动地予以退还。有人劝道："您看看也无妨，何必一点儿面子也不给。"他很有自知之明地说："这种古物乃稀世珍宝，我一旦打开，就会爱不释手，索性不打开，封其人眼，断其诱惑，其奈我何？！"

在《一门七代十三进士背后的故事》中，记载了一个《张廷玉退画》的故事：

大学士张英的次子、清朝重臣张廷玉任宰相时到一个下属家里做客，看到了一幅名人山水画，十分欣赏。他回家后，在儿子张若霭面前对那画大加赞赏。张若霭是个孝子，且精通书画，心想："父亲太喜欢这幅画了。如果把这画送给父亲，他一定会非常高兴。"次日，张若霭跑到那位官员家里说："我父亲特别喜欢昨天欣赏的那幅画，我想买下来送给他。"那位官员感到很荣幸，便把那画送给了张若霭。张若霭回家就把这画挂在了书房里，想给晚上回家的父亲来个惊喜。可是，张若霭万万没有想到的是，张廷玉看见了这幅画，勃然大怒，厉声责骂道："我无介溪之才，汝有东楼之好矣。"这句话涉及一对父子：介溪指的是明末大贪官严嵩，东楼指的是严嵩的儿子严世藩。这句话的意思是：我没有严嵩那样贪腐的念头，你却有严世藩那样强取豪夺的爱好，竟然随便夺人之好。这话可把张若霭吓坏了，跪着向父亲请罪后，卷起画退了回去。

一次，杨澜采访崔永元的时候问："你曾经遇到过的最大诱惑是什么？"崔永元直截了当地回答："钱，走穴。有人让我给楼盘剪彩，最高价开到了一剪子60万元。"杨澜又问："那你为什么不去呢？"崔永元回答："我觉得我抵御不住。一旦我爱上了剪彩之后，谁都拦不住我。我唯一的办法就是不去碰它。"

不可否认，这个世界有太多的诱惑。即使是很好的人，也很容易因诱惑而犯错，甚至犯罪。面对诱惑，明白自己的欲望想要什么只是本能，而明白自己应该用理智拒绝什么才是本事。因此，面对形形色色的诱惑，必须学会拒绝。

不计较，不比较

在孔子的学说中有一个含义丰富的关键词——中庸。其中的一个重要含义是：待人接物不偏不倚，调和折中。可见，孔子讲正气，主张做人都应该不计较。

在老子的学说中有一个含义丰富的关键词——无为。其中的一个重要含义是：要依天命，顺其自然。可见，老子讲清气，主张凡事都应该不计较。

在庄子的学说中有一个含义丰富的关键词——逍遥。其中的一个重要含义是：超凡脱俗，追求自由，坚持走自己的路，不与统治者同流合污，辞官隐居，潜心著书立说。可见，庄子讲仙气，主张身心都应该不计较。

在墨子的学说中有一个含义丰富的关键词——兼爱。其中的一个重要含义是：爱无差别等级，不分厚薄亲疏。可见，墨子讲大气，主张爱谁都应该不计较。

在释迦牟尼的学说中有一个含义丰富的关键词——忘我。其中的一个重要含义是：保持平常心，一切随缘。可见，释迦牟尼讲和气，主张时刻都应该不计较。

快乐的人生之所以快乐，并不是因为拥有的太多，而是因为计较的太少；不快乐的人生之所以不快乐，并不是因为拥有的太少，而是因为计较的太多。

跟不如自己的人应该不计较，因为不如，就不值得；跟和自己一样的人应该不计较，因为一样，何苦为难；跟比自己强的人应该不计较，因为那是自己的榜样。

腹有诗书气自华

>

一个人不读书，会体现在脸上。这就如哲学家周国平所说："一个人读不读书，你从他的面容就能看出。一个人美不美不只是外在的东西，他有个气质，读不读书气质就是不一样，从表情、神态、风度都会显示出来的。许多老学者老得非常美，让你惊叹人老了还可以这样光彩照人。"因此，他还说："阅读能养心，能养生，我还要加上能养颜。"

一个人不读书，不仅会是面目可憎，而且会使语言无味。这就如宋代诗人、书法家黄庭坚说："士大夫三日不读书，则义理不交于胸中；对镜觉面目可憎，向人则语言无味。"

一个人不读书，就会有粗俗气和市井气。正如清代学者梁章钜说："人无书气，即为粗俗气，市井气，而不可列于士大夫之林。"乾隆皇帝有段话与梁章钜的话很相近："至于'书气'二字，尤为宝贵，果能读书，沉浸酝酿而有书气，更集义以充之，便是浩然之气。人无书气，即为粗俗气、市井气。"

一个人不读书，颜值就会大打折扣。清代文学家、戏剧家李渔有个给美人打分的戏说：三分容貌有姿态，等于七分；六七分容貌无姿态，等于三四分。这里的姿态，指的是气质风韵。容貌爹妈可以给，但气质风韵爹妈却给不了。要想得到它，一个重要的渠道就是通过读书了。所谓"大家闺秀"绝非只是说模样好，更多的则是指有较好的文化熏陶。

一个人多读书，颜值就会魅力十足。著名学者、文学家、语言学家林语堂直截了当地赞美过读书人的容颜："章太炎脸孔虽不漂亮，王国维虽有一根辫子，但是他们是有风韵的……"章、王二人并没有潘安之貌，可是在林语堂的心目中地位却颇高，因为他们书气十足，气质非凡。

"唯书有色，艳于西子；唯文有华，秀于百卉。"如果说读书是最智慧的养颜，那么不读书就是最愚蠢的毁颜。如果说读书会使颜值加分，那么不读书就会使颜值减分。

用白纸惊艳世界

莫德·怀特是美国纽约的纸雕艺术家，也是一家剪纸艺术品公司的主要负责人。她出生在一个普通家庭，父母都很会讲故事。听着各种故事长大的她，发现自己可以用白纸把这些故事雕刻出来，能赋予白纸新的生命和活力，于是便爱上了在白纸上雕刻。

莫德·怀特凭借似有魔法的巧手，用一把简单的工艺刀和一张张白纸，便能雕刻出一个个栩栩如生的形象。她雕刻的美丽女子，那凹凸有致的曼妙身姿，那随风飘扬的裙摆，那轮廓分明的五官，那惟妙惟肖的神态，都淋漓尽致，就连千丝万缕的发丝也雕刻得细致入微，无论是将头发高高盘起，还是简单扎一根长长的麻花辫，或者是飘逸的长发披肩，真是各有各的神韵，各有各的味道。她雕刻的飞翔的老鹰和栖息的啄木鸟，看上去都英姿焕发。她雕刻的水中的游鱼和行走的大象，都活灵活现。她雕刻的各种花朵，都热情绽放，永不凋谢。她雕刻的百合花，尽管只有简单的白色，但看上去却高雅圣洁。即使是树的叶片，也被她雕琢得纹理清晰。更神奇的是，她的纸雕让人与自然、人与动物和谐相处，相映成趣，美不胜收。薄薄的一张白纸，在她的手里，竟然可以生动活泼地表现出丰富多彩、千姿百态的大千世界。

看到莫德·怀特的一幅幅作品，不禁让人想到一幅美丽画卷：玻璃窗前一名巧手的女艺术家，正在用一把刻刀、一张白纸，将自己的奇思妙想小心翼翼地雕刻下来，创造出一幅幅细腻无比的精美作品，讲述出一个个自然流畅的感人故事。

莫德·怀特的技艺已达到了出神入化的境界，令人惊叹。但是很多人难以将纯手工创作与纸雕艺术联系起来，有记者好奇甚至是惊讶地问："您为什么能用白纸惊艳了整个世界？"

莫德·怀特回答："其实，每个人都能做到。只要有耐心，肯努力，并且把自己喜欢做的事情坚持下去，做到极致，你也可能给自己和世界一个惊喜。"

不错，一个人一辈子若能把一件事做得极其出色，那就是了不起的成功，甚至能赢得整个世界的喝彩。

把眼泪变成钻石

1976年7月7日,艾米·穆林斯出生在美国宾夕法尼亚州的阿伦敦市。她出生时小腿没长腓骨,医生告诉其父母:"这个女孩可能一辈子都无法走路。"1岁生日那天,父母带她去做了膝盖以下的双腿截肢手术。

艾米的父亲是泥瓦匠,母亲是售货员。他们没有能力为女儿提供良好的教育环境,但是却教会了孩子如何与命运抗争。母亲经常激励她:"你生来就是为了经历不平凡的事,一定要学会把眼泪变成钻石。"

艾米很听话,从小就练习和义肢共生共存,从没有坐过一天轮椅。她乐观、坚强,喜欢运动,常常和弟弟爬树,骑自行车,疯得像个野孩子。她同正常孩子一样上学,但请假的次数比较多。因为随着身体的发育,义肢必须进行相应的修整。她总共接受了5次矫正手术,并要定期去医院复查。面对别人的怪异目光和嘲笑,她毫不在乎地说:"我对这些有免疫力。"

读高中时,艾米是垒球运动员,还是滑雪高手,先后拿到了5块金牌。她是运动健将,还是不折不扣的学霸。高中毕业的时候,她荣获了全额奖学金,赢得了去美国前总统克林顿就读过的乔治敦大学的学习机会。

读大学时,艾米参加了残疾人田径比赛。结果,她不仅赢得了冠军,还打破了该年龄段的美国短跑纪录。这点燃了她参加亚特兰大残奥会的渴望。她跟着美国田径界的著名教练弗兰克训练。在一次选拔赛

083

中,她因奔跑时假肢意外脱落而摔倒在全场几千人面前。她尴尬地回到教练身边,表示要退出比赛,但教练却说:"捡起假肢,继续跑,只有这样你才能得到尊重。"这句话深深触动了她,此后她更加刻苦地训练。

1996年,20岁的艾米参加了在美国亚特兰大举办的残奥会,创下了女子100米跑和女子跳远两项世界纪录。因此,她成了美国人的楷模,也成了全世界残疾人的骄傲。她证明了一个奇迹:跑步离不开双腿,但即使没有双腿,也不代表被剥夺了跑步的权利。

走下奥运冠军领奖台的艾米,经常受邀出席各种重大活动,为女子体育基金而奔忙。为了鼓励更多的残疾人参加跑步运动,她完成了多个半程马拉松的比赛。她自豪地说:"跑步让我真正找到了尊严,跑不过我的人就别叫我残疾人了。"

1999年,世界著名服装设计师亚历山大·麦坤,深深地被艾米的阳光形象和战胜厄运的故事所吸引,于是向她发出了走秀的邀请。这位设计鬼才将一双木制的靴子"镶"在了她被截肢的腿上,完美地弥补了其天生的缺憾。

那天走完秀回到后台,观众和模特们由衷地夸赞,T台上的艾米那么美丽,走得那么漂亮。这是她一直期待的场景——得到别人的赞扬、羡慕,而不是同情。但是,她绝没有想到,这竟然是自己一举成名的转折点。

2011年7月,35岁的艾米成为全球知名化妆品牌欧莱雅的新一代全球形象代言人。各种杂志的封面,争先恐后地采用她的照片。许多设计师主动上门,帮她设计各种功能的义肢,木制的、钢铁的,等等。她有20多副用于不同场合的假腿,散步用的,慢跑用的,打篮球用的,还有穿高跟鞋用的。这些义肢不仅用途各异,颜色也不尽相同,应有尽有。每一次出门之前,她会挑选出与服装最搭的一双,细心清洁后穿戴。有了它们,她可以驰骋于跑道,行走于T台,潇洒自如地演电影、拍广告。设计师们帮助她将劣势转化成优势,将逆境转化为机遇。《人物》杂志还将她评选为全世界"最美的50人"之一。

有朋友调侃地说:"艾米是个跨界的女神,是个有'野心'的女神。"她微笑着回答:"如果我有'野心',那么我所有的'野心'只是要把'残疾'二字从我的简历中拿掉。我希望介绍我的时候会说,'艾米是一个演员、模特、运动员',而不说'是残疾人演员、模特、运动员'。"

如今,艾米的"野心"彻底实现了。维基百科上在她的简历中虽然提及了被截肢的经历,但却如她所愿地写道:"艾米·穆林斯是一个演员、模特、运动员。"

艾米·穆林斯虽然没有完整的双腿,但却拥有一对能够"飞翔"的翅膀——自强与自信。她靠这双隐形的翅膀,把眼泪变成了钻石。

才华不可炫耀

梅尧臣是北宋时期著名的现实主义诗人,他虽然在仕途上极不得意,但在诗坛上却享有盛名。他写出了大量激动人心的诗篇,与同时期的著名词人苏舜钦齐名,因此被并称为"苏梅";还与同时期的政治家、文学家欧阳修交好,一起推动北宋诗歌的革新运动,因此被并称"欧梅"。

梅尧臣年轻的时候就已经相当出类拔萃。他游历洛阳,每逢宴会吟诗作赋,总能令人耳目一新。一些文人妒火中烧,甚至气得搁笔。他得知后便故意退让,也写一些肤浅之作应付了事。

文学家钱惟演是梅尧臣的朋友,看到此景很不理解,便当面问道:"你作诗一贯精益求精,现在为什么如此敷衍了事?"

梅尧臣说:"你有所不知,君子的才华并非总显露在外表。真正的君子,往往看起来有些愚钝之气和笨拙之态。我以往在诗会上锋芒毕露,已经让别人心生厌恶。如不改正,甚至会招灾惹祸。我夹起尾巴,收敛锋芒,既有利于建立和谐的人际关系,又有利于消除隐患,何乐而不为呢?"钱惟演听后,恍然大悟。

明代文学家、书画家陈继儒在《小窗幽记》中写道:"人胜我无害,彼无蓄怨之心;我胜人非福,恐有不测之祸。"意思是说,他人胜过我,对我并没有什么害处,因为这样别人便不会在心中积下对我的妒恨;我胜过他人,并不见得是福气,因为这样恐怕会招致意想不到的灾祸。

明代思想家、学者洪应明在《菜根谭》中写道："君子之心事，天青日白，不可使人不知；君子之才华，玉韫珠藏，不可使人易知。"意思是说，君子有高深的修养，他的心地像青天白日一样光明，没有什么不可告人的事；君子的才华应像珍藏的珠宝一样，不应该轻易让别人知道。

法国哲学家罗西法古说："如果你要想得到朋友，那么你就让你的朋友表现得比你优越。如果你想要得到仇敌，那么你就表现得比你的朋友优越。"

看来，古今中外都认可一个道理：对待自己的才华，应该像对待珍藏的珠宝一样，不可轻易地张扬，更不可向别人炫耀。因为才华的光芒只有用谦虚来镶嵌，才会更加绚丽，才会既柔和又不刺眼。

积极思考创造积极人生

从前,有个秀才进京赶考,住在城外的客栈。在考试之前几天,他做了三个梦:第一个是梦到自己在高墙上种白菜;第二个是梦到下雨天,自己既戴了斗笠又打着伞;第三个是梦到跟自己最心爱的女人背靠背地睡在一起。于是,他请算命先生解梦。

算命先生说:"唉,你还是回家去吧,肯定是考不上了。你在高墙上种白菜,岂不是白费力气吗?你既戴斗笠又打伞,岂不是多此一举吗?你跟自己最心爱的女人背靠背地睡在一起,岂不是没戏了吗?"秀才听后心灰意冷,回到客栈收拾包袱准备回家。

客栈店主看到秀才还没考试就要回家,不禁问他为什么。听了秀才的解释后,店主笑着说:"我也是会解梦的,你肯定是要榜上有名的嘛。你在高墙上种菜,这不就是高中的意思吗?你既戴着斗笠又打着伞,这不是双保险,有备无患吗?你和自己最心爱的女人背靠背地睡在一起,这不是到了你要翻身的时候了吗?因此,你必定能金榜题名的嘛。"

秀才听信了店主的话,信心百倍地参加了考试,结果考中了探花。

从前,有个国王做了一个梦。他梦到山倒了,水枯了,花也谢了。于是,他让王后给解梦。王后惊恐地说:"大事不好了,陛下!山倒了,是指江山要倒了。水枯了,是指老百姓要造反了。因为民如水,君如舟;水能载舟,水能覆舟。这是水不想载舟了。花谢了,是指我们王国的好景不长了。"国王听后惊出了一身冷汗,从此一病不起,而且越来越重。

有一天,一位足智多谋的大臣去看望国王。国王在病榻上说出了自己的重重心事。大臣听后开心地说:"这个梦,实在是太好了!山倒了,是指天下从此太平了。水枯了,是指真龙要现身了。您就是真龙天子啊!花谢了,是指要结出果实了!这都说明,我们的王国要更加兴旺发达了!"

国王听信了大臣的话,转忧为喜,精神振奋,很快就痊愈了。

还有一位国王,梦见自己的牙齿全都掉光了。于是,他召来一位智者解梦。这位智者说:"陛下,这是不吉祥的梦!每掉一颗牙齿,就意味着您将失去一个亲人。牙齿全都掉光了,是说您将失去所有的亲人。"国王听后大怒,吩咐左右:"此人纯粹是乌鸦嘴!给我拖出去,重打50大板!"随后,国王又找来另一位智者解梦。这位智者听完后,一脸喜气地说:"高贵的陛下,您真是有福气!这意味着您会比所有的亲人都要健康长寿。"

国王听信了后一位智者的话,转怒为喜,奖赏其100枚金币。

祸兮福所倚,福兮祸所伏。消极思考的人,只能在福中发现祸;积极思考的人,却能在祸中发现福。消极思考的人,导致消极人生;积极思考的人,创造积极人生。

3 叁 san

不让愤恨
在心里扎根

谁都不能靠欺骗赢到底

环法自行车赛是全世界最著名的自行车公路赛,自 1903 年创办以来,除因两次世界大战中止外,迄今已有 100 多年的历史。

现年 41 岁的兰斯·阿姆斯特朗,可以说是百年环法大赛中"前无古人"的传奇人物。他于 1992 年开始职业自行车运动员生涯;1996 年 10 月,在参加世界顶级公路赛时被诊断为睾丸癌,且已扩散,就连医生对其康复都不抱希望。但是,经过 12 个星期的化疗和一年多的停赛休养之后,他奇迹般地战胜了病魔,并于 1998 年 2 月重新回到了环法赛场上。从 1999 年到 2005 年,他连续七次夺得环法大赛的冠军,成为环法历史上史无前例的七冠王,是自行车运动以及整个国际体坛上最具影响力的明星之一。

在创造环法奇迹的同时,阿姆斯特朗还致力于慈善事业。他创办的抗癌基金会,每年在全球范围的 65 个国家举办上千场慈善募集活动,筹集了近 5 亿美元的慈善基金,是所有体育明星基金会之最。基金会帮助了很多人,影响到世界的各个地区。他积极进行抗癌慈善活动,受到了无数人的尊敬与爱戴。

无限风光的阿姆斯特朗全身上下都是宝,从眼镜、自行车等各种装备公司的赞助商,到饮料、食品、制药等公司的赞助商,都争先恐后地与其签约。

令人遗憾的是，这位"抗癌英雄"和环法七冠王的荣誉与争议一直并存。从1999年第一次获得环法冠军起，他就一直被美国反兴奋剂机构调查。特别是在2012年6月13日，美国反兴奋剂机构正式对他提起诉讼。这意味着，他如果败诉，就将失去在自行车比赛中的所有冠军头衔，并将面临终身禁赛的处罚。

面对不断升级的调查，阿姆斯特朗言辞激烈地予以反驳。他说，所有指控都是毫无根据的恶意诋毁，所有的证词和证据都是用金钱买来的。他坚持，自己荣获的所有冠军都是干净的，绝对没有使用过有助于提高成绩的任何兴奋剂。特别是在8月24日，他发表声明，宣布主动放弃与美国反兴奋剂机构之间的抗争，但依然坚持自己是清白无辜的。他说："我曾经赢得这项世界上最艰难、最有挑战性的比赛，没有人可以改变这一切！更没有人能把它收回去！"

针对阿姆斯特朗拒不承认的强硬态度，10月10日，美国反兴奋剂机构公布了证据确凿的调查报告。该调查报告长达202页，还有长达1000页的纸面证据，其中包括11名他以前的队友所提供的证据。该调查报告详细地描述了他那些触目惊心的行为：他不仅服用禁药，还用盐水做假尿样、逼迫他人服药、威胁证人，等等。该调查报告无可辩驳地证明：他不是"车王"，而是"毒王"。

事态的发展急转直下，对阿姆斯特朗越来越不利。他能骗人一时，但不能骗人永远。10月17日，也就是在抗癌基金会成立15周年的前夕，他辞去了抗癌基金会主席的职务。他无奈地表示，鉴于近况，已经无法再继续出任该基金会主席一职。

就在这一天，耐克公司率先与阿姆斯特朗解约，并指控他欺骗赞助商多年。紧接着，多年来一直支持他的众多公司和赞助商争先恐后地宣布：与他解约，并将会把他的形象从产品包装中去掉。

10月22日，国际自行车联盟主席帕特·麦克奎埃德在瑞士日内瓦宣布，支持美国反兴奋剂机构的决定，对阿姆斯特朗给予终身禁赛的处罚，并剥夺他获得的7个环法自行车赛冠军。他说，我感到很遗憾，阿姆斯特朗将永远地与自行车说再见了，在自行车界已经没有立足之地了。如果一项运动一直以来的英雄都是一个服用禁药而构成的谎言，那么这项运动确实令人担忧。与此同时，环法大赛组委会要求他，无条件地归还夺得7届环法大赛冠军的385万美元奖金。

2013年1月14日，阿姆斯特朗在接受美国脱口秀主持人奥普拉·温弗瑞的采访时，终于正式承认自己曾经在环法夺冠的过程中使用了禁药。

环法七冠王、抗癌英雄和美国偶像阿姆斯特朗的传奇故事以众叛亲离和千夫所指的悲剧结束了，但其从辉煌到崩溃的过程却格外发人深思。

荣耀是一匹烈马，如果用诚信驾驭它，就可以奔腾万里；如果用谎言驾驭它，就必将身败名裂。

有的人能在一些时间欺骗所有人，有的人能在所有时间欺骗一些人，但没有人能在所有时间欺骗所有人。不管是谁，都不能靠欺骗赢到底。

诚信是人生的命脉，是一切真善美价值的根基。一个人如果失去了诚信，就意味着将失去一切。贝多芬说得好："即使为了国王的宝座，也永远不要欺骗。"

善恶终有报

赵简子是春秋时期赵氏领袖,赵国基业的开创者。他曾拥有两匹白色的骡子,世所罕见,被视若珍宝。

一天,阳城一位叫胥渠的小官得了急病,其家人连夜去找赵简子求救。求救人对赵简子的看门人恳求说,胥渠的病,如果能尽快得到白骡的肝脏,就可以治好,不然就没有希望了。

看门人进去通报,赵简子的心腹家臣董安于正在旁边侍候,听后气愤地说:"小小的胥渠,太不知天高地厚了,竟想得到我们主人的白骡肝脏!干脆,让我这就去杀了他吧!"

赵简子说:"为了保存白骡而杀人,岂不是太不仁义了吗?为了救人一命而杀白骡,岂不是非常仁义的事情吗?"于是,赵简子吩咐厨师杀死白骡,取出肝脏,赶紧给胥渠送去了。

后来,赵简子发兵攻打北方少数民族的一座城池。但守军的箭矢猛烈,密如下雨。赵简子的将士们不敢冲锋,久攻不下。就在这一筹莫展之际,有位勇士挺身而出,悍不畏死,指挥左右两路各有700人的军队,勇往直前,一举夺下了城池。

胜利之后赵简子召见了这位勇士,问:"你为什么奋不顾身、舍生忘死地为我卖命呢?"

那位勇士说:"我是被您用白骡肝脏救活的胥渠,您就是我的救命恩人。您用仁义之心救我一命，我情愿以命相随！"

史学家对赵简子杀白骡救胥渠之事评论说，施行仁德，爱护百姓，人民就会爱戴自己的国君，乐于为自己的国君全力以赴，甚至赴汤蹈火、牺牲性命也在所不辞。

秦穆公是春秋时期的秦国国君，《史记》称其为春秋五霸之一。

西汉文学家刘向、史学家司马迁和北宋政治家、史学家司马光，都写过同一个故事——秦穆公亡马。

秦穆公在岐山有一个王室牧场，饲养了各种名马。有一天，管理牧场的牧官突然发现，几匹马逃离了牧场。牧官大为惊恐，因为这是失职的死罪。于是牧官率领众人四处寻找，结果在附近山下的一个村子里找到了几匹马的皮和骨头。他经过深入调查后确认，这几匹马已经被村子里的三百个村民吃掉了。

牧官大怒，把这三百村民全部押解到秦穆公那里，请求治以死罪。这些人战战兢兢，知道没有生还的可能了。然而，秦穆公听完报告后却说："我听说，吃骏马的肉如果不喝酒是要死人的。"随后，秦穆公下令："赏赐给他们酒喝，喝完酒放他们回家。"这些人死里逃生，都非常感谢穆公的恩德。

一年之后，秦穆公与晋惠公交战。战斗进行得异常惨烈，秦军陷入了晋军的重重包围。秦穆公乘坐的战车也深陷其中，敌军的长枪都击中了他的铠甲。就在秦穆公身处绝境、一筹莫展之时，突然有一队剽悍的骑兵呐喊着杀入重围。他们英勇无畏，拼死战斗，杀得晋兵晕头转向，不知所措。秦军趁机反攻，一举击溃了晋军，并且俘获了晋惠公。

秦穆公反败为胜之后，向这些勇敢善战的骑兵致谢，并问："你们是何方军队？为何要拼死相救？"

他们笑着回答："我们是从前吃了您的名马，却得到您赐的美酒，还被您赦免了的那些村民啊！我们之所以拼命奋战，就是为了报答您的救命之恩啊！"

秦穆公胸怀广阔、气度非凡的美名传遍天下，不仅得到了诸侯国的敬佩，而且赢得了民心，最终成就了霸业。

史学家对秦穆公亡马的故事做出了这样的评论："此德出而福反也。"意思是，秦穆公这样的道德行为做出来，必然会有好事返回来。

一般来说，无论是做善事还是做恶事，都会产生直接或间接的因果联系。也就是说，所做之善，常常会回到身边；所做之恶，往往也会留在身边。

用一辈子做一件事，爱一个人
∨

1940年，因为战争，日本大阪市变得一片狼藉，普通百姓的日子越来越艰难。

为了谋生，23岁的坂本健一在天神桥筋六丁目商店街旁边的无名小巷里，开了一家仅有13平方米的二手书店——青空书房。他对妻子说："我要加倍努力工作，比别人卖得更多。"

妻子满意地点点头说："好，我全力以赴地支持你。"

青空书房很吸引人的一个特色是随处可见坂本健一手写的便签，上面都是温馨的话语。比如"能左右你人生的那一本书，已经等你等得不耐烦了。""当你的目光，落在这本书上时，这本书就活了。""虽然只有一次，但可以活出不同的人生；虽然只有一册，但可以有不同的邂逅。""阅读就像呼吸，书就是我的人生。"

青空书房很吸引人的另一个特色是贴在店门口的"今日休息"的手绘海报，上面配着简洁的文字："书在等人，人在等书，这里是人与书约会的场所。""人活着就要学习、阅读、选择书本。""女人必须保持美丽，但是比起在外表上下功夫，内心的充实更加重要。""以有限的生命，竭尽所能地出售好书。"

其实，坂本健一年轻的时候几乎常年不休息，直到患了中风之后才不得不每周休息一天。为了对上门扑空的客人有所交代，他总在休息的前一天晚上，认真地画一幅"今日休息"的海报，然后贴在门口。

坂本健一说起自己和妻子的故事，总是绘声绘色，就像娓娓动听地讲述一部电影。他是相了27次亲之后才遇到妻子。因为经济窘迫，他们从来没有外出旅行。结婚几十年，他送给妻子的唯一礼物只是一颗珍珠。不过，妻子从来没抱怨过，一直无微不至地照顾着他和两个孩子，帮助他守护着青空书房。

坂本健一为了哄妻子开心，年过半百的时候开始每日给老伴写一封情书。他在信里叫她"亲爱的"，对她说"我爱你"……有的亲友取笑他："有点浪漫过头了。"他却一本正经地说："老伴和我没有任何渊源，却愿意和我结婚，比世界上任何人都更关心我。我不珍惜这样的人生伴侣，除了傲慢，还能用什么字眼来形容？"于是，他我行我素，把对妻子所有的爱意和感激，都尽情地写进了一封又一封的情书里。

2009年的一天，客人们来到青空书房，发现紧闭的卷帘门上贴着一句话："本日休息，对不起，我最亲爱的人正在与死神搏斗，我要去陪伴她，请原谅。"原来，他的老伴被检查出患了癌症，已经住进了医院。此刻，他要放下手中的一切，全心全意地守护在妻子的身旁。

即使是守护之时，坂本健一的每日一封情书也从没有间断。他写道："我最亲爱的人啊，你一直在支持我的梦想。盼你早日康复，我会为你祈祷。对于我俩盘根错节的情感，我要衷心地说声谢谢。"

收了几十年情书的妻子，从来都没有表示出特别的感动。但在这次住院期间，她破天荒地给坂本健一回了一封信。这是她回的第一封信，也是最后一封。她在信里写道："请等着我一起回家。"但这个一起回家的愿望，终究没能实现。

妻子去世后，青空书房的海报上写着："嫁给我59年的妻子，在细雪纷飞的日子离开了人世。对于关照过她的客人，她会在天国里说声谢谢。她是温柔而坚强的女性,也是悲伤而温暖的妻子,请以后继续支持青空书房。"

此后,青空书房只剩下坂本健一了。客人发现,"今日休息"的海报已经改换了风格:从鼓励人多读书,转到了对妻子的深切思念。

2016年7月2日,青空书房没有开门,也第一次没有贴上"今日休息"的海报。人们意外地发现:坂本健一倒在了自己照看了70年的店里,长眠不醒。

对于经常光顾青空书房的客人来说,这个世界少了一个美好的角落,但每当想起坂本健一用一辈子去做一件事、去爱一个人,心中都充满了敬意和温暖。

不要在石碑上留下我的名字

宋朝长安有位心灵手巧的石匠,姓安名民。当时不少著名的石碑都出自其手。

公元1103年的一天,府衙的官员找到了石匠安民并告知:府衙已经接到了朝廷颁布的文告——《元祐党籍碑》。该文告号令全国各地都要刻石立碑,昭示全国,警示天下。因此请他来刻《元祐党籍碑》,并给酬金百两。府衙的官员还特别告诉他,此碑是至高无上的御碑,因为碑额的五个大字——"元祐党籍碑",是宋徽宗赵佶的御笔墨宝。不仅如此,御碑的碑序和党人名单,是宋徽宗命宰相蔡京所书。能为此御碑刻字,对他这个普通的石匠来说,简直就是千载难逢、光宗耀祖的莫大荣幸。

尽管安民无力抗命,但心中却另有盘算。他知道,对司马光等元祐老臣的忠奸善恶,官家和民间的评价大不一样。朝廷指其为"奸党",百姓却赞之为"正直"。宋徽宗赵佶和宰相蔡京之所以指鹿为马,颠倒黑白,将司马光等上百人打成"奸党",或关押,或贬放,并将他们的名字刻在石碑上,完全是出于权力斗争的需要。这一方面是为了把司马光等元祐老臣打下去,将权力夺归己手;另一方面是大搞顺之者昌逆之者亡的一套,借此树立自己的绝对权威,让天下臣民乖乖地驯服。于是,他婉言推辞说:"我是一个笨拙的草民,哪里知道立碑有什么意思?

不过,像司马光这样的人,天下人都称赞他人品正直,但现在你们却要我在石碑上刻写他是什么奸邪小人,像这样的话,不用说给百两酬金,就是打死我,我也不忍心去刻啊!"

府衙的官员听后恼羞成怒,要治安民以重罪。迫于权力的淫威,安民无奈地说:"如果朝廷非要我刻,就必须答应我一个条件:千万不要在石碑上留下我的名字,不能让后人知道御碑是我刻的。我最怕留下自己的名字而遗臭万年,得罪了后世的天下人。究竟谁是谁非,将来后人定会有公正的评说。"

不错,一时胜负在于力,千古胜负在于理。历史上的是非功过、忠奸善恶,终有一天会大白于天下,而不会永远听凭于权力的摆布。

公元1106年,宋徽宗不得不指派太监趁夜深人静之时,偷偷地将立在皇城端礼门的《元祐党籍碑》毁了,并"赦除党人一切之禁",为司马光等人彻底平反,而弄权误国的宰相蔡京,被以北宋"六贼"之首的恶名,永远地钉在了历史的耻辱柱上。石匠安民则因知荣知耻,不为名利诱惑,固守做人的良知和底线,而青史流芳,为人称颂。

司马光卖马

1071年,司马光开始在洛阳主持编撰294卷近400万字的编年体史书——《资治通鉴》。他在极其简陋的居所里,专心致志地干了整整19年。

此间,司马光的夫人不幸去世了。他拿不出给妻子办丧事的钱,只好把仅有的三顷薄田典当出去,置棺理丧,尽了做丈夫的责任。

典地葬妻之后,司马光的日子更加拮据了。有一次,家里没有钱用,他便叫管家把一匹棕黄色的马卖掉。于是,管家把这匹马牵到了洛阳的集市上。有位买主端详了一番,说:"这匹马不错,纯正漂亮,高大有力,性情温驯,就是老了些。"

管家一边拉开马的上下颌给买主看,一边说:"不老,不老,它的牙齿蛮全的嘛!你不知道,这可是我家司马相公的坐骑。近些年,因为司马相公每天忙着在房里编写史书,用不着它了,所以才叫我贱价卖了,只卖50缗。"

当时,司马光是家喻户晓的人物,在百姓中的威望很高,口碑极好。买主高兴地说:"哦,原来是司马相公的坐骑啊!真是遗憾,我今天钱没带够。请你先牵回去,明天我带钱来,一手交钱,一手交货,你说可好?"

管家满口答应:"好,一言为定。"

管家得意地把马牵回家,兴奋地对司马光说:"马已经有买主了,能卖50缗钱。"

司马光一边恋恋不舍地抚摸着这匹跟随自己多年的爱马,一边嘱咐管家:"明天卖马的时候,你要告诉买主,这马在夏季曾患过肺病。"

管家不以为然地说:"这马的肺病现在已经好了。今晚我给它喂些好料,明天清早再把它洗刷干净,这样买主不仅看不出毛病,而且会相当满意。如果老老实实地说,这马恐怕就卖不出去了,即使能卖出去,也难卖出好价钱。"

司马光耐心地说:"不,你明天一定要同买主说清楚。因为,做人必须讲诚信。不然,让买主用买一匹强壮马的钱来买病马,岂不是骗人吗?这种事,我们万万不能做。马能卖多少钱是小事,对人不讲真话、坏了做人的名声是大事。如果买主愿意成交,即使价钱压得再低些也没关系。"

第二天,管家把马带到集市,对买主如实地介绍了马的病情,并说这是司马相公特别交代的,绝不能让买主吃亏上当。

买主和周围的人听后都很感动,不仅顺利成交,而且纷纷赞扬司马光为人诚实、光明磊落。

清朝思想家陈宏谋曾有这样的评论:"司马光一生以至诚为主,以不欺为本。"史学家对司马光盖棺论定之语,普遍用到一个字,那就是:诚。

子贡赎人与子路受牛

《吕氏春秋·察微篇》中记载了两个故事：子贡赎人和子路受牛。

鲁国有一条法律，鲁国人在国外沦为奴隶，如果有人能把他们赎出来，回国后就可以到国库中报销赎金。有一次，孔子的得意弟子子贡（端木赐）在国外赎回了一个鲁国人，但回国后拒绝报销赎金。孔子批评说："子贡，你采取的不是好办法。你如果接受了国家的补偿金，并不会损害你行为的价值；你不肯拿回你抵付的钱，别人就不肯再赎人了。从今以后，鲁国人就不再愿意为沦为奴隶的本国同胞赎身了。"又有一次，孔子的另一个得意弟子子路救起一名落水者。那人为了感谢子路，送来一头牛，子路收下了。孔子表扬说："今后一定会有更多的鲁国人勇救落水者了。"

但是长久以来，人们对孔子对两个弟子的态度一直争论不休，褒贬不一，直至今日也没有停止，有时甚至很激烈。

反对者认为，对孔子的批评和赞扬都应该批判。因为子贡赎人而不接受国家赔偿金，是"重义轻利"的君子所为，是毫不利己专门利人的崇高行为，是只求奉献不求索取的道德典范，不仅不该批评，而且应该大加赞扬。因为子路救人而接受其牛，是"重利轻义"的小人行为，很有"替人消灾、拿人钱财"的嫌疑，不仅不该赞扬，而且应该严厉批评。

支持者认为，对孔子的批评和赞扬都应该肯定。因为子贡的行为是错误的，应该批评。他虽然做的是一件好事，但却破坏了一个好风气的盛行。也就是说，他破坏了国家为了达到救赎国人而制定的报销垫付赎金的规则，把原本人人都能达到的道德标准拔高到了大多数人难以企及的高度。子贡的行为，势必使不具有其觉悟和财力的大多数人对赎人望而却步，放弃为赎人而垫付赎金。子贡救了一人，却使成百上千的人不能得救。这样，子贡的行为就大大地阻碍了更多人做善事，导致了巨大的社会恶果。不求任何回报的道德标准固然高尚，但并非人人可为，也并非长久可行。其实，鲁国那条法律的用意，正是为了鼓励每一个人都可以做一件大好事；即使暂时没有预付赎金的能力，也可以用借来的赎金为同胞赎身，且不会有任何损失。因为子路的行为是正确的，应该赞扬。他虽然携恩图报，但却倡导了善有善报风气的形成。如果一味地强调道德高尚，而忽视了好人好事应得到的社会回报，那么助人为乐的行为就面临难以为继的危险。无论是孔子的批评还是赞扬，其重点并不在于细究子贡拒金和子路受牛背后的道德心，而在于他们的行为能否形成良好的道德激励。对任何事情，不只要看一时之利害，更要看长久之利害，从而两利相权取其重，两害相权取其轻。孔子见微知著，洞察人情，实在了不起。

从子贡赎人和子路受牛的故事，不禁想到了外国对类似问题的解决。比如，美国国父华盛顿总统曾高风亮节，宣布自己不拿总统薪酬。但弗吉尼亚州议员佩奇坚决反对。他敬佩华盛顿总统无私的报国情怀，同时郑重地指出："美国宪法第二条款有相关要求，总统需要接受薪酬福利，国家也应该为总统提供薪酬福利。华盛顿如果拒绝总统薪酬，不仅违宪，而且会让那些政府部门接受薪酬的人感到受之有愧。如果其他人不敢领取薪酬，岂不是要喝西北风了？反腐倡廉的机制靠什么来实现？"结果，华盛顿总统拿了1美元的年薪。后来，美国的富豪总统肯尼迪、胡佛等，虽然领取了总统薪酬，但后来都捐给了公益慈善事业。现在，一些美国企业家也依据美国宪法的要求，象征性地领取 1 美元年薪，或者全额领取年薪后再捐献出去，但绝不可以分文不取。2016 年 11 月 9 日，唐纳德·特朗普当选美国第 45 任总统。他是"地产之王"，是不差钱的超级富豪，也决定领取 1 美元的总统年薪。

上面的故事，对于现实究竟有什么借鉴意义呢？

做好事，做善事，如果无人知晓，自己也不愿意让别人知道，且不缺钱，就可以默默奉献，毫不索取，做个无名英雄。否则，就应该接受回报，以利于弘扬善有善报的正能量。当然，即使接受了回报，只要愿意，以后还可以在适当时机、用适当方式将其用于公益慈善事业。这样做的效果，不仅有利于当前，而且有利于长远；不仅有利于自己，而且有利于社会。

人如其所读

不读好书,就不能培养出美好的举止、姿态和气度,或者说不能培养出高雅的气质。

宋代诗人、书法家黄庭坚说:"士大夫三日不读书,则义理不交于胸中;对镜觉面目可憎,向人则语言无味。"这就是说,人若不读书,则尘俗生其间,照镜面目可憎,对人语言无味。

清代学者梁章钜说:"人无书气,即为粗俗气,市井气,而不可列于士大夫之林。"这就是说,不读书,就不会有书气,就不会有儒雅的风度。

乾隆皇帝有段话与梁章钜的话很相近,但更加具体:"至于'书气'二字,尤为宝贵,果能读书,沉浸酝酿而有书气,更集义以充之,便是浩然之气。人无书气,即为粗俗气、市井气。"

与不读好书相反,多读好书,才能培养出美好的举止、姿态和气度,或者说才能培养出高雅的气质。

北宋著名文学家、书法家、画家苏轼,在《和董传留别》的诗中自信地写道:"粗缯大布裹生涯,腹有诗书气自华。"这就是说,苏轼虽然身穿简陋的土布,用粗丝绑发,却满腹诗书,自然气质高华。

晚清四大名臣之首的曾国藩对儿子曾纪泽说:"人之气质,由于天生,本难改变,惟读书可以变换气质,古之精相法者,并言读书可以变换骨相。"这就是说，读书的作用不仅能获取知识，而且能提升人的精神境界，日积月累就会脱离低级趣味，养成高雅、脱俗的气质。他还说过一句极为精辟的话："书味深者，面自粹润。"这就是说，读书体味得深的人，面容自然纯粹、滋润。

英国哲学家培根有段几乎是尽人皆知的话："读史使人明智，读诗使人灵秀，数学使人周密，科学使人深刻，伦理学使人庄重，逻辑修辞之学使人善辩。凡有所学，皆成性格。"

苏联作家、政论家高尔基更加直截了当地说："学问改变气质。"

著名学者、文学家、语言学家林语堂对气质有独到的感悟："章太炎脸孔虽不漂亮，王国维虽有一根辫子，但是他们是有风韵的……"章、王二人没有潘安之貌，可是在林语堂的心目中地位却颇高，因为他们书气十足，气质非凡。

台湾著名女作家、旅行家三毛对气质也有独到的感悟："读书多了，容颜自然改变。许多时候，自己可能以为许多看过的书籍都成过眼烟云，不复记忆，其实它们仍能潜在气质里、在谈吐上、在胸襟的无涯，当然也可能显露在生活和文字中。"

值得特别一提的是，高雅的气质比美貌的魅力更能深入人心。这就如好莱坞的著名明星简·方达所说："书香是最好的美容剂。"也如法兰西著名学者、作家伏尔泰所说："美只愉悦眼睛，而气质使灵魂入迷。"

古今中外众多名人关于读书与气质关系的看法，可以用西方的一句谚语来概括："人如其所读。"

不错，读什么样的书，就会具有什么样的气质，也就会成为什么样的人。

宁要诚实的 80 分

被印度国民誉为"国父"的甘地，小时候曾做过一些不光彩的事：比如偷父母的钱买烟抽，偷哥哥的钱下饭店吃喝等。

父亲知道了甘地的毛病后非常难过，加上工作劳累过度，一病不起。父亲躺在床上，天天盼着甘地来承认错误，但甘地却始终没来。

其实，甘地本打算把自己的过错都写在纸上交给父亲，并接受父亲的惩罚。可是，一切都晚了。父亲的病突然加重，很快就去世了。父亲临终前在纸上给甘地写下了一句话："一个诚实、自力更生的人，才是一个有出息的人。"甘地看后泪如泉涌，心中发誓："今后一定做个诚实的人！"

有一天，一位督学到甘地的学校检测学生的英文水平。督学让学生们听写 5 个英语单词，甘地写对了 4 个，可不会拼写"茶壶"这个词。正当甘地皱着眉头冥思苦想的时候，老师走到了他的身边，悄悄地暗示他，可以去偷看旁边同学的试卷。可甘地依然专心致志地低着头想，并没有那样做。结果，全班同学都考了满分，只有甘地考得最差，只得了 80 分。

督学走后，老师把甘地叫到面前，责备地说："傻孩子，偶尔作弊一次又有什么关系呢？如果你也能拿到满分的话，我们就可以受到表扬了。"

可甘地却毫不后悔地说："我宁要诚实的 80 分，也不要弄虚作假的 100 分。因为，诚实是做人之本。"

用爱应对不幸

美国有一对恩爱的夫妻,在婚后11年有了唯一的孩子,是个男孩。这个男孩,自然是他们的心肝宝贝。

一天早晨,丈夫出门上班之前,看到桌上有一瓶打开了盖子的药水。他大声地叮嘱妻子:"快把药瓶收好!听到了吗?"然后,就匆匆上路了。

当时妻子正在厨房里忙得团团转,虽然答应了一声,但并没有及时收好药水。

已经2岁的男孩,好奇地拿起药瓶,他被药水的颜色所吸引,于是一口气就喝光了。这种药水,即使是成年人也只能少量服用,绝对不能超量。由于男孩喝药过量,虽然及时送到医院抢救,但却回天乏术!妻子被突如其来的灾难吓呆了,击垮了,不知该如何面对丈夫的悲伤与怨恨。

丈夫得知了噩耗,心急如焚地赶到了医院。看到儿子冷冰冰的尸体,他泪如雨下,悲痛欲绝,不禁失声大哭。突然,妻子瘫倒在地上。丈夫立刻控制住了自己,把妻子抱在怀里,然后在她耳边深情地说了一句话:"亲爱的,我爱你!"这么简单的一句话,要有多大的包容、多深的智慧和多久的修炼啊!

从上面的故事,不禁想到了美国社会心理学家费斯汀格讲的一个故事。

卡斯丁在早上洗漱时,将自己的高档手表放在了洗漱台边。妻子顺手拿走，放在了餐桌上。儿子起床后到餐桌上拿面包时，不小心将手表碰到地上摔坏了。

卡斯丁心疼手表，揍了儿子的屁股，然后骂了妻子一通。妻子不服气，说是怕水把手表打湿才拿开的。卡斯丁说，那手表是防水的。于是，二人互不相让，激烈地争吵起来。气急败坏的卡斯丁索性不吃早饭，就开车去公司上班了。他快到公司时才发现，忘了拿公文包，只好调头回家。可是家中已经没人，卡斯丁的家门钥匙在公文包里。他进不了门，只好给妻子打电话。妻子慌慌张张地开车往家赶时，撞翻了路边的一个水果摊，不得不赔了一笔钱才离开……

卡斯丁总算带着公文包赶到了公司，但因迟到了15分钟，挨了上司的一顿严厉批评。下班前又因一件小事，卡斯丁跟同事吵了一架。妻子也因迟到，被扣掉了当月的奖金。儿子那天参加棒球赛，原本夺冠有望，可是因心情不好发挥不佳，第一局就被淘汰了。

费斯汀格对这个故事做出了这样的分析：这是卡斯丁"闹心的一天"。手表摔坏是自己不好掌控的，但只占"闹心的一天"的10%；后面发生一系列不顺，都是自己完全可以掌控的，占"闹心的一天"的90%。试想，卡斯丁在那10%发生之后，如果换一种方式应对，比如安慰儿子："不要紧，手表摔坏了没什么了不起，我拿去修修就好了。"这样儿子高兴，妻子高兴，自己的心情也会好些，那么随后的一切闹心事就不会发生了。

费斯汀格总结说："生活中的10%不幸，你可能无法决定，可另外的90%，则由你对所发生的事情如何应对所决定。"人们将他的这个结论称之为"费斯汀格法则"。

"费斯汀格法则"的现实指导意义就在于：当发生了不幸的事情时，应该用爱去应对，而不应该用恨去应对。因为爱能减轻一切灾祸，而恨只能招来更多的灾祸。

不让愤恨在心里扎根

著名作家、红学研究家刘心武,在北京六十五中上高中的时候,各科成绩一直不错,是公认的学霸,特别是他的文科特别优秀。高二的时候,他在《读书》杂志上发表了书评《谈〈第四十一〉》。到了高三,他常在《北京晚报》"五色土"副刊上发表短诗、小小说。1959年,即高考的前两三个月,中央人民广播电台《小喇叭》节目播出了他写的广播剧《咕咚》。许多同学都钦佩地说:"北京大学中文系不招你招谁啊?"

高考发榜了,许多同学惊讶地问刘心武:"你怎么只考上了北京师范专科学校呢?"他妈妈伤心地说:"我总觉得我的孩子能上北大。"他自己也感到莫名其妙。是高考时失误了吗?高考后他对过标准答案,挺自信。也许是志愿填得不合理吧?不管怎样,当年的青年人都以服从国家分配为己任,他乖乖地去报到了。

37年后的1996年春天,刘心武高中的十几位老同学聚会,地点在热心的当年班长李希菲家里。李希菲和她先生是同一研究所的研究员,都有专著问世,享受到四室一厅的住房待遇。李希菲准备了丰盛的自助餐,大家也不客气,觥筹交错,十分热闹。席间大家回忆起高中时期的青春岁月,感慨良多。

吃过午饭,李希菲把刘心武单独叫到一间离聚会处最远的房间,进了屋,还关了门。刘心武纳闷,她为什么神神秘秘的?李希菲突然问:

"你知道高中毕业后你为什么没考上好大学吗？"随后，她将憋了几十年的话说了出来：

那是1957年夏天的一个中午，刘心武和一些不回家的同学在教室里一边吃自带的午饭，一边闲聊。当他说到北京人艺演出的《风雪夜归人》如何精彩时，有一同学警告道："你别吹捧《风雪夜归人》啦！吴祖光是个大右派！"据说，刘心武当时不但不接受其警告，还坚持宣扬《风雪夜归人》如何好看，甚至说："是吗？吴祖光是右派啊？吴祖光要是右派，那我也要当右派！"他的言论，被那个同学汇报给了组织。

到1959年高中毕业前夕，学校要给每一位同学写政治鉴定。操行评语是与本人见面的，政治鉴定却是背靠背的。那一年，对于政治上有问题的毕业生，在鉴定的最后要写上"不宜大学录取"的字样。李希菲虽然不是政治鉴定的执笔人，但写每个人的鉴定时，她作为可信赖的共青团员一直都在场。她见证了那一刻：因为刘心武说过"吴祖光要是右派，那我也要当右派"，所以其政治鉴定的最后一句就是："不宜大学录取。"

刘心武听后感到很震惊，心想："我会说出那样惊心动魄的'反动言论'吗？是不是汇报者把我的糊涂言论予以'精加工'，才构成了那样一个句子呢？又有谁来找我核对过呢？"

李希菲又问道："你想知道是谁揭发你的吗？我清楚，要我告诉你吗？事情过去那么久了，你知道一下就行了。你现在也功成名就了，你还会记恨人家吗？"

刘心武立即阻止道："不！如果你告诉我，我会恨。所以，恳求你千万不要告诉我是谁告发了我。事情已经过去了几十年，我的记忆已经非常模糊，我完全记不得那天中午还有谁在教室里。你如果告诉了我是谁告发的我，今天晚上我一定会失眠。换句话说，我不想让愤恨在心里扎根。真的恳求你,千万别告诉我,也永远别告诉其他的同学。再说,我以及若干个遭遇'不宜大学录取'恶谥的同龄人,毕竟都没有就此沉沦,终于穿越了历史烟尘,迎来了新的历史阶段,为社会做出了各自的贡献,也从社会得到了应有的回报。我们现在要做的应该是平静和原谅,难道不是吗?"

听完刘心武发自肺腑的一席话,李希菲感慨道:"我佩服你的气量和大度,其实说出那个同学的名字,对我来说也不是轻松的事。就如你说的,我们应该平静和原谅。好在一切都过去了,他已经不是那样的人了。"

刘心武内心强大的一个显著特点就是宽容,就是不让愤恨在自己的心里扎根。

优雅地老去

1905年9月27日,严幼韵含着金汤勺出生于天津的富豪家庭,现在已经112岁。

严幼韵在天津读完中学后,随家迁至上海。她于1925年进入沪江大学学习,1927年转入复旦大学读商科。在校期间,她是第一个将小轿车开进校园的校花。当初大家不知道她的名字,就称她为"84号小姐",因为她的小轿车车牌是84号。

1929年,严幼韵与杨光泩结婚。1938年,杨光泩受命于危难,出任中国驻菲律宾首都马尼拉总领事,她作为外交官夫人随同前往。杨光泩积极宣传抗日救亡,向华侨募捐支援抗战。太平洋战争爆发后,日军占领了马尼拉。1942年4月17日,杨光泩和7名中国外交官惨遭日军杀害,为国殉职。当时,杨光泩才42岁,严幼韵才37岁。

此后的三年,严幼韵带领其他牺牲官员的遗孀和小孩克服重重困难,在马尼拉顽强地生活,直到日军投降。她在回忆那段艰苦岁月时说:"回头来看,当时的我们确实非常勇敢。尽管我们不知自己的丈夫生死如何,非常担忧我们的孩子,我们自己的命运也完全无法确定,但我们直面生活,勇往直前。"

1945年,严幼韵携三个女儿到了美国纽约,不久后出任联合国礼宾司的官员。礼宾司的工作从接待到任大使,安排他们递交国书,到接待参加联合国大会的国家元首,都不能出半点差错。她干得异常出色,是一名杰出的女外交官。

在杨光泩牺牲后的16年,严幼韵一直没有再婚。她在谈到择偶标准时说:"未来的夫婿必须是我尊敬的人,也必须要赢得我的爱慕。"直到1958年,已经53岁的严幼韵才与70岁的中国著名外交家顾维钧结婚。

1959年10月,严幼韵正式退休,全力以赴地担当起"好管家、好护士、好秘书"的角色。在她无微不至的精心照护下,顾维钧用了17年的心血,完成了11000页、长达500万字的口述回忆录。

严幼韵和顾维钧共度了26个春秋。每到下午,他们都会从自己的公寓到中央公园散步,相互搀扶着,走至夕阳西下。在他们共同生活的日子里,每一天都是平静的、快乐的、幸福的。

1985年11月14日,顾维钧离世,享年97岁。顾维钧在谈到长寿秘诀时总结了三条:"散步,少吃零食,太太的照顾。"大儿子顾德昌感动地说:"如果不是她(指严幼韵),父亲的寿命恐怕要缩短20年。"

1990年,严幼韵向顾维钧的家乡——上海嘉定博物馆捐献了顾维钧的155件珍贵遗物,还为建立顾维钧生平陈列室捐助了10万美元。

2003年,严幼韵被诊断出患有大肠癌。手术结束才5天,她就回家休养了。几个月后,在98岁的寿宴上,她穿着旗袍和高跟鞋,喷洒着香水,与为她动手术的外科医生一起跳舞。

2015年9月25日,外交部副部长李保东在纽约看望了顾维钧先生的遗孀严幼韵女士,转达了杨洁篪国务委员和王毅外交部长对严幼韵110岁生日的祝贺。他说,顾维钧先生作为中国代表第一个在《联合国宪章》上签字,严幼韵女士也是最早一批在联合国工作的中国籍职员,都为祖国做出了贡献,我们对此不会忘记。

2016年10月3日,严幼韵在美国纽约度过了自己的111岁生日庆典。宴会上,她穿着旗袍和高跟鞋,喷洒着香水,与白发苍苍的女婿唐先生共舞了一曲。她舞步优美,在众多名流的瞩目下,仍旧光彩夺目。

现居住在美国纽约的严幼韵,已是四世同堂。她思维清晰,每天写日记,一部记录其百年人生的回忆录即将完稿。

很多人经常问到严幼韵的养生秘诀。她的女儿杨雪兰总结说,母亲健康长寿的最主要秘诀:就是乐观,也就是永远向前看,过好每一天。

不可互欺

《晋书》是唐朝政治家、文学家房玄龄等人合著的史书,是中国的二十四史之一。其中,记载了一个短小有趣的故事。

那是五胡十六国时期的公元401年,南燕开国皇帝慕容德与群臣一起饮酒。喝到正酣时,他笑着问群臣:"朕虽然德行寡薄,但是庄严端正地坐在朝廷上接受诸侯的朝见,在上位却不傲慢,整天为自己的职责不敢怠慢。我这样的皇帝,可以和自古以来什么样的君主相比呢?"

一贯擅长溜须拍马、阿谀逢迎的青州刺史鞠仲,抢先回答道:"陛下是中兴的圣明君主,比得上夏代中兴之主少康,也比得上中兴汉朝的光武皇帝。"

慕容德转过头吩咐侍臣:"赏赐鞠仲一千匹丝织品。"

鞠仲听到赏赐如此之重,不禁吓了一跳,连忙辞谢。

出乎意料的是,慕容德又对鞠仲道:"你对我的评价过于夸大,不合实际,是不折不扣的一顶高帽子。难道你以为我会真的赏赐你吗?你会开我的玩笑,难道我就不会开你的玩笑吗?其实,我只是用假话来奖赏你。奖赏并没有真的给你,哪里值得你如此这般地辞谢呢!你的话太不实在,所以我也要骗骗你。"

此刻,刚直不阿的韩范进言说:"我认为天子无戏言,忠臣无乱答。今天的谈论,上下互相欺骗,可以说是君臣都不对。"

慕容德听后心悦诚服，非常高兴，立刻赏赐韩范五十匹绢，即五十匹轻薄而坚韧的丝织品。

从此以后，人们争先恐后地向慕容德进献有益的建议，朝廷涌现出了许多耿直之士。

"对人以诚信，人不欺我；对事以诚信，事无不成。"用冯玉祥的这句话来评论这个故事，可谓恰到好处。

生死攸关的箴言

第二次世界大战期间,横祸突然降临到了一个富有的犹太人家庭:一小时之后,全家将被押送到杀人魔窟——集中营。父母赶紧商量,必须把两个儿子尽快送到可靠之处躲藏起来。

可究竟送到谁那里去躲藏呢?时间紧迫,父母最后决定:让一个儿子躲藏到一个银行家的家里,因为这个银行家是他们一手扶持起来的,可谓恩重如山,一定能知恩图报;让另一个儿子躲藏到一个富商的家里,因为这个富商是帮助他们走上富有之路的恩人,十分可靠。

结果出乎多数人的意料:受到这个犹太家庭恩惠的银行家,将他们的一个儿子交给了纳粹,送上了断头台;而一直帮助这个犹太家庭的富商,则把他们的另一个儿子送到了美国,并使其受到了精心的呵护和良好的教育,最后发展成亿万富翁。

2003年,这位已经成为亿万富豪的幸存老人,在《纽约时报》的头条发表了回忆文章。其中有句生死攸关的箴言:"不要期望你帮助的人,一定会给你回报;而一直帮助你的人,差不多总会帮助你。"

"不要期望你帮助的人,一定会给你回报。"这位幸存的犹太老人为什么会这样说?

"一直帮助你的人,差不多总会帮助你。"这位幸存的犹太老人为什么会这样说?

因为爱你的人会一直愿意为你付出，会一直愿意为你奉献，而你爱的人却不一定愿意为你付出，不一定愿意为你奉献。简言之，爱你的人永远比你爱的人更加愿意帮助你。

雪中送炭的事情，尽量多做。渴时一滴如甘泉。一个从沙漠中跋涉、煎熬过来的人，给他一杯水，他会感激一辈子。雨过送伞，难受欢迎。

锦上添花的事情，尽量少做。一个人刚喝完蜂蜜，给他糖，他会说不甜。一个人刚吃完山珍海味，给他饺子，他会说不香。即使富有，也不能随便地给予。轻易得到的东西，别人往往不珍惜。过分慷慨，有时还不如过分吝啬。一枝红蔷薇，有时比一簇红蔷薇更有魅力。

画蛇添足的事情，尽量不做。醉后添杯不如无。花在含苞待放和酒后略带醉意，确实是有一定的奇妙乐趣的。如果花已开满转谢，酒已喝得烂醉如泥，就显得大煞风景。

滴水之恩、涌泉相报，这是人性；忘恩负义、恩将仇报，这也是人性。无论是小到人与人之间的帮助，还是大到国与国之间的援助，要想抑恶扬善，要想达到预期的良好效果，就要坚持正义、平等、及时、救急和适度的原则。只有这样，才能避免花钱买仇恨，避免花钱培养白眼狼，避免过犹不及、事与愿违。

有一种盛情是平常

《新唐书·张文瓘传》中记载了这样一个故事。

贞观初年,张文瓘考取明经博士,被补任并州参军。当时李勣任并州长史,曾经赞叹道:"张文瓘是当今的管仲、萧何,我比不上他。"

李勣入朝的时候,张文瓘和两位同僚一起前去饯行。李勣将自己的佩刀、玉带,分别赠送给了两位同僚,张文瓘却什么也没得到。张文瓘很不理解,便说出了心中的疑惑。李勣解释说:"这没有什么不好理解的。我之所以将佩刀赠送给了那个人,是因为他做事犹豫不决,缺少魄力,目的是警策他遇事要果断。我之所以将玉带赠送给了那个人,是因为他行为放纵,不够检点,目的是警策他遵守各种规章法令。我之所以什么都没有给你,是因为像你这般的德才,没有什么明显的毛病,哪还用得着赠送什么礼物来警策呢?"

后来,在李勣的极力推荐下,张文瓘深得唐高宗信任,屡次升迁,竟然与李勣同为宰相。

《宋人佚事汇编》中记载了这样一个故事。

宋代的宰相晏殊有两个女婿:大女婿富弼和小女婿杨察。他们能够成为宰相的女婿,自然都非等闲之辈。晏殊对两位女婿都挺满意,虽然觉得他们都是很有前途的年轻人,但是对他们二人的接待方式却大不相同:每次接待富弼时,往往是在书房里深谈整日,只招待一顿家常便饭而已；可每次接待杨察时，却一定在大厅堂上摆酒席，且命姬妾唱歌跳舞来助兴，好生热闹。

宰相的家人知道，晏殊对二位女婿的评价是有所区别的，觉得晏殊更看重富弼，远远胜于杨察。但家人却很不理解：晏殊喜欢同上等的大女婿说话，用家常膳食招待，却愿意在次等的小女婿杨察身上花银子。家人感到纳闷：宰相的这般行为，到底是更喜欢哪位女婿呢？

晏殊自然心中有数：对富弼这样具有很大发展潜力的人，最重要的是与其切磋，多加栽培，即使用家常便饭招待，那也是看似无情却有情。可对杨察这样也会有较大发展，但心胸不太开阔的的人，就马虎不得，应该好酒好菜伺候，即使讲点排场也不为过，否则反而容易产生嫌隙。

后来的事实证明，宰相晏殊颇有远见卓识，接待的恰到好处：富弼发展成为朝廷最倚重的名相；杨察的功名事业也不错，但与富弼比，就有些相形见绌了。

《圣经》中记载了这样一个故事。

耶稣一次出游，来到一对姐妹家。姐姐马瑟看到满腹经纶的耶稣来到家里，激动不已，立刻开始整理屋子，准备各种美食，一心想着好好款待客人。妹妹马丽却安安静静坐在耶稣脚边，仔细聆听他的谆谆教诲。

手忙脚乱的姐姐埋怨妹妹太不懂事，希望耶稣让妹妹来帮忙。耶稣却说："马瑟，是你太多虑了。马丽做了最重要的事，就是听我说话，我非常喜欢她坐在这里。"

后来有人评论说，姐姐马瑟只重视热情招待，却忽视了倾听耶稣的教诲。这是件本末倒置、令人遗憾的错事。

看来，有一种知己，是淡交；有一种厚爱，是推荐；有一种亲情，是传授；有一种敬仰，是倾听；有一种盛情，是平常。

成熟的人

成熟的人不是看年龄大,而是看肩膀能挑起多重的责任。依据年龄来判断是否成熟,本身就是一种不成熟。

成熟的人不是容貌越变越老,而是思想越变越深刻。

成熟的人不是只想做自己喜欢的事,而是更想做自己应该做的事。

成熟的人不是愿意为了某个理由轰轰烈烈地死去,而是愿意为了某个理由谦恭地活下去。

成熟的人不是学会了"表达",只憋得住尿,憋不住话,而是学会了"咽下",既憋得住尿,又能憋得住话。

成熟的人不是心变得僵硬,而是眼泪在打转还能微笑。

成熟的人不是越来越冷漠,常用人性恶的眼光看世界,认为到处都是水火不容的冲突,而是越来越慈悲,常用人性善的眼光看世界,认为无事不能共生共荣。

成熟的人不是恨、狭隘、浮躁和欲望越来越多,而是爱、宽容、宁静和淡泊越来越多。

成熟的人不是炫耀张扬才华,让才华的光芒更强烈、更刺眼,而是用谦逊装点才华,让才华的光芒更柔和、更养眼。

成熟的人不是昂头的稗穗,而是低头的稻穗。

成熟的人不是只善于追求美好,而是还善于接纳残缺。

成熟的人不是没有失误，完美无缺，而是坚持不懈地做最好的自己。

成熟的人不是肆无忌惮地对亲朋好友发脾气、耍态度，而是把最好的脾气、最大的耐心留给亲朋好友。

成熟的人不是因为需要所以才爱，而是因为爱所以才需要。

成熟的人不是察言观色、八面玲珑，随波逐流、人云亦云，见风使舵、老奸巨猾，而是他人的爱憎喜怒左右不了自己的正气和情绪，与任何人为伍都能卓然独立。

成熟的人不是被习俗磨去了棱角，变得越来越世故，而是深谙世故却不世故，依然保持一颗童心。

成熟的人不是无欲无求，而是惜福造福。

成熟的人不是想方设法地征服别人，而是千方百计地超越自己。

曾子的最后一课

曾子是孔子晚年的弟子之一，是中国著名的思想家，是儒家学派的重要代表人物，被后世尊奉为"宗圣"。他参与编写了《论语》、著写了《孝经》《大学》《曾子十篇》等。

曾子在病逝之前，对围绕在病榻周围的弟子们，再次讲述了《孝经》开宗明义第一章的内容，大意是：那天在老师的家里，孔子问："先代的帝王有其至高无上的品行和最重要的道德，以其使天下人心归顺，人民和睦相处。人们无论是尊贵还是卑贱，上上下下都没有怨恨不满。你知道那是为什么吗？"曾子站起身来，离开自己的座位回答："学生我不够聪敏，哪里会知道呢？"孔子说："这就是孝。它是一切德行的根本，也是教化产生的根源。你回到原来位置坐下，我告诉你。人的身体四肢、毛发皮肤，都是父母赋予的，不敢予以损毁伤残，这是孝的开始。人在世上遵循仁义道德，有所建树，显扬名声于后世，从而使父母显赫荣耀，这是孝的终极目标。所谓孝，最初是从侍奉父母开始，然后效力于国君，最终建功立业，功成名就……"

接下来，曾子从五个方面解释了孔子这些教诲的含义：第一，身体是行孝道的载体，身体是行孝之本。没有好身体，就很难奉养父母，孝敬父母。第二，保全好身体，不受到伤害，主要是指不要犯罪而受到刑罚，不要在与他人斗狠之中受到伤害，不要在声色犬马之中糟蹋生命，不要不爱生命、不知节制,而导致早逝、夭折,死于非命。第三,保全好身体,才能更好地为国家服务,这是尽孝的延伸。第四,保全好身体,才能传宗接代。第五,保全好身体,不是贪生怕死,苟且偷生,而是关键时刻敢于为了国家和正义而献身,即使是赴汤蹈火也在所不惜。正如孔子所说:"朝闻道,夕死可矣!"可以说,儒家思想的为人处世、立身理家、治理国家,都是以博大精深的孝道为中心展开的。

最后,曾子让学生们掀开被子看了看他的手,看了看他的脚,看了看身上有没有受到损伤的部位。学生们都说:"没有。"曾子吃力地说:"'身体发肤,受之父母,不敢毁伤,孝之始也。立身行道,扬名于后世,以显父母,孝之终也。'为了按照孔子的这些教导做,自己的一生战战兢兢,如临深渊,如履薄冰,从不敢懈怠。"讲到此时,曾子已经精疲力竭,气息奄奄了。

学生们很是感动,纷纷表示:"请老师放心吧!我们一定铭记您讲的这最后一课。"

慈善的力量

∨

在新西兰的但尼丁镇,有一条全长 350 米的大街——鲍德温大街。该大街不是水平的,而是倾斜的,上下坡达到了惊人的 35 度。这条极富特色的街道,不仅是孩子们放学后和假期中玩卡丁车的天堂,而且每年吸引上万的游客前来观光。因此,鲍德温大街被载入了吉尼斯世界纪录。

在但尼丁镇有家巧克力公司,诚信经营了十几年,赚了不少的钱,很有名气。不少工人多次提议:"把厂子搬到大城市发展。"但每次都被厂主拒绝了:"公司还是小作坊的时候,家长就带着孩子来捧场。我们的发达,跟小镇人们的支持密不可分。我们不仅不能离开小镇,而且应该回报人们的支持。"

于是,厂主决定:从 2002 年起,每年 7 月中旬,在鲍德温大街举办"巧克力豆奔跑大赛"。大赛的操作和规则很简单:准备充足的巧克力豆,一个巧克力豆有一个编号,卖给前来参赛的选手,一个卖一元钱。将上万个巧克豆球分成三组,从鲍德温大街的上端倾洒而下。每组最先冲到终点的 15 个巧克力豆,所属主人可得到一份丰厚的大礼包。大赛结束后,公司在有关部门的监督下,将全部所得一分不少地捐给慈善机构,用以救助绝症儿童,或救助无家可归的孩子和老人。

出乎意料的是,"巧克力豆奔跑大赛"的受欢迎程度和传播速度,远远超出了预期。第一年,几百人参赛;第二年,上千人参赛……2016

年,其他城市和其他国家的人们也蜂拥而至,竟然有15000人参赛,卖出了75000个巧克力豆。参赛者大部分是儿童,公司每年都出资请各地患绝症的儿童参加。欢天喜地的赛场,甜蜜的巧克力豆,让患儿暂时忘却了病痛。

从2002年到2016年的15年里,这家小小的巧克力公司,独自撑起了这项造福儿童的大赛,共捐给慈善机构约443万人民币。

可是,2017年6月,就是"巧克力豆奔跑大赛"即将到来的时刻,公司突然宣告:因资金链彻底断裂、无以为继而破产倒闭。厂主亲自出面向大家道歉:"实在不好意思,经营不力导致公司破产。最遗憾的是,持续了15年的大赛,要和大家永远地说再见了。"

这意想不到的厄运,让小镇炸锅了:这么好的公司,怎么突然破产倒闭了?小镇的人们希望厂主作出解释。厂主起初不愿说明,支支吾吾,在人们的一再追问下,才不得不道出了实情:原来,最初举办巧克力豆大赛的时候,原材料比较便宜,可最近这几年,物价飞涨。由于公司始终坚持巧克力豆不涨价,因而连年亏损。特别是每举办一次"巧克力豆奔跑大赛",就势必造成一笔不小的赤字。几年前,厂里的员工就建议:非要继续举办大赛也可以,但必须提高巧克力豆的价格。不然,再举办大赛,公司就死定了。可一想到那些患病儿童的脸,想到流浪的孩子,厂主的心就软了:"即便亏本,即便破产倒闭,'巧克力豆奔跑大赛'还是要艰难地办下去。"

厂主万万没想到的是,小镇人们得知公司破产倒闭的原因后,自发地组织起募捐活动,并迅速得到了全国人民的响应。人们说:"这家充满爱心的慈善公司,不应该这么倒下去。"1元、3元、5元,短短24小时,就筹集了738万;第二天,就筹集了1500万。这就是说,仅有450万人口的新西兰,相当于每人捐了3元,连国外的许多网友也捐了钱。

当议员吉姆·麦尔把捐款数字告知厂主的时候，他泪流满面，只是不停地说："谢谢！谢谢！"

媒体记者采访当地的人们，企图寻找到人们之所以积极募捐的答案，得到的回答是："我们不懂什么市场规律，只知道这家为孩子们无私奉献的巧克力公司，必须活下去。我们都有一个共同的动机：感恩。"

一个因坚持慈善活动而破产倒闭的巧克力公司，被举国上下的募捐救活了。厂主激动地宣布："我们一定竭尽全力地把公司重新经营好！2017年7月中旬的'巧克力豆大赛'，仍将如期举办！"

媒体记者评论说："慈善是人性的辉煌，是永恒的事业，有凝聚全国民心的巨大力量。"

尊重别人
高贵自己

肆
si

做个本事大脾气小的人

中国国学大师南怀瑾把脾气和本事结合起来,将人分成了三等,依次为:上等人有本事没脾气,中等人有本事有脾气,下等人没本事有脾气。

晚清重臣曾国藩曾把脾气和本事结合起来,将其手下的幕僚和门客分为四类:有本事没脾气;有本事有脾气;没本事没脾气;没本事有脾气。

其实,一点脾气和一点本事都没有的人是根本不存在的。因此,借鉴南怀瑾和曾国藩的识人方法,把脾气大小和本事大小结合起来,可以将人分成这样的四等:本事大脾气小的是一等人,本事大脾气大的是二等人,本事小脾气小的是三等人,本事小脾气大的是四等人。

为什么可以这样排序呢?

因为,把脾气发出来,是本能;把脾气压下去,是本事。

因为,发脾气是无能的表现,好脾气是有修养的表现;发脾气只能为本事减分,好脾气却能为本事加分。

因为,发脾气不仅是同别人过不去,而且是跟自己过不去;不仅是伤别人,更是伤自己。

谁要想惩罚自己,最简单的方法莫过于乱发脾气。脾气越大,身体越差,威信越低。

谁要想成全自己,最简单的方法就是不发脾气。脾气越小,身体越好,福报越深。

人们常犯的一个错误，就是把最差、最糟糕的脾气发泄给最亲近、最亲密的人，使他们受到最深的伤害。

其实，如果自己是对的，就没有必要发脾气；如果自己是错的，就没有资格发脾气。

当然，我们都是普通人，很难做到永远不发脾气，但应该争取做到逐渐少发脾气，至少应该坚决做到：绝不让脾气盖过本事。要知道，一旦脾气大于本事了，那就离霉运当头的日子不远了。

做人要多长本事，少长脾气；把本事升上去，把脾气降下来，努力做个本事大脾气小的人。

在家里的度量

王旦是北宋名相,知人善任,为相十二年,几乎没有人见到过他发脾气,颇受宋真宗赵恒的信赖。

有一次,王旦的儿子为了试探父亲的度量,故意将一点墨汁滴在肉汤里。王旦见了没说什么,只吃饭,不喝肉汤。儿子问:"您为什么不喝肉汤啊?"王旦说:"我有时候不喜欢喝肉汤。"

又一次,王旦的儿子又将一点墨汁滴在饭上。王旦看后说:"我今天不想吃饭,你们可以给我熬一些肉粥。"他儿子说:"肉不够了,被厨师私下偷吃了一些,请父亲惩罚厨师吧。"王旦问:"你估计每天用多少肉才够呢?"儿子答:"要一斤。但如今只能吃半斤肉,另外半斤让厨师吃了。"王旦又问:"一斤肉够吃吗?"儿子答:"一斤肉当然可以够吃了。"王旦说:"那以后每天买一斤半肉好了,也不必惩罚厨师了。人谁无过,当容其改。"厨师听说后,非常感动,立即痛改前非了。

刘宽是东汉名臣,为人有德量,涵养深厚,几乎未发过脾气。即使在急迫匆忙之时,他也不会疾言厉色,因此被人们视为宽厚长者。

有一天,刘宽的夫人为了试探他的度量,想出了一个试图激怒他的办法:当他刚穿好朝服准备赴朝会之时,夫人命侍婢奉肉羹进来,佯装不慎弄脏了他的朝服。可他神色不变,和气地问侍婢说:"肉羹是否烫伤了你的手?"此后,夫人对刘宽更加敬爱。

王旦和刘宽的难能可贵之处，就是在家里照样有度量，绝不会犯一般人常见的错误：把宽容与度量给了陌生人，却把最差的脾气和最糟糕的一面给了最熟悉、最亲近的人。

让牛让马与让金

刘宽让牛。刘宽是东汉名臣。有一次,他乘牛车外出,遇见一个丢了牛的人。那人到刘宽的牛车前辨认后,硬说刘宽的牛是他的。刘宽默默不言,随即下车后徒步回家。过了一阵子,失牛人找到了自己的牛,送还了刘宽的牛,并叩头谢罪说:"我很羞惭,愧对长者,情愿接受处罚。"刘宽和颜悦色地说:"世间相类之物,很容易认错。你已经把牛送回来了,还有什么可处罚的呢?"邻里都称赞刘宽不与人计较的德行。

卓茂让马。卓茂是东汉光武帝刘秀一统天下时能力强、功劳大的将领之一。他性情宽厚,仁义待人,与乡里故旧友爱,即使行业、地位不同,也能友好融洽相处。有一次卓茂骑马出门,有人说那马是他的。卓茂明知这个人认错了,但还是把马给了他。过几天,那人找到了自己丢失的马,将认错的马还给了卓茂,并表示道歉。卓茂平和地原谅了他。

直不疑让金。直不疑是河南南阳人,在汉文帝的时候曾任侍从官。有一段时间,他同姓张与姓李的两名侍从官同住在一个房间。那天张官突然得知母亲生病了,就匆匆忙忙地拿了一袋金子回家探望。不久后,李官发现自己少了一袋金子,便认定是直不疑偷的。李官愤怒地训了直不疑一顿,并要他还金子。直不疑判断是张官匆忙之中拿错了,但并没有辩解,一声不响地接受了责备,还垫了一袋金子。没过几天,张官归来,给了李官一袋金子,说是自己匆忙中拿错了,请他原谅。李官的脑袋轰的一声,马上找直不疑道歉。直不疑却很大度地说:"没关系,以后我们还是好朋友!"直不疑让金的故事传开后,远近的人都称赞他的美德。后来,直不疑逐渐升官,做到了太中大夫。

让牛让马与让金的故事之所以能千古传颂、流传至今,因为故事中的主人公他们有得理也让人的胸怀,有受到委屈也让人的胸怀,有受到羞辱也让人的胸怀。

胸怀如海人自贵。一个人的胸怀能包容多少人,就能赢得多少人。

度量分量与质量

唐朝时，狄仁杰与娄师德一同担任朝廷众臣中的最高职务——相国。女皇武则天看到狄仁杰屡次排斥娄师德，认为应该择机帮助狄仁杰放弃偏见。有一日，武则天单独问狄仁杰："朕重用你，你知道是什么原因吗？"狄仁杰回答说："我凭着出色的文章和端正的品行而受到重用，并不是无所作为、依靠他人成事的人。"武则天对他说："其实我以前并不了解你，你得到重用的原因，是因为有娄师德的提拔之力啊！"随后，她令侍从拿出了十几篇奏折给狄仁杰看。原来这些都是娄师德推荐狄仁杰的奏折，狄仁杰读后连忙认错，说："我没想到被娄师德所包容！娄公从来没有表白过推荐我的事情。我不如娄公，愧对娄公啊！"武则天见他诚心悔过，也就没有指责他。从此之后，狄仁杰与娄师德情好日密。

宋朝时，太尉王旦是掌管军事的最高官员，曾经在皇帝宋真宗赵恒面前，极力夸赞寇准的优点，推荐寇准为宰相。可是，寇准却多次指责王旦的缺点。有一天，宋真宗对王旦说："你虽然总说寇准的好话，可是他却经常说你的坏话。这究竟是怎么回事啊？"王旦说："本来就应该这样。我在宰相位子上的时间很久，处理政事的失误一定很多。寇准对您不隐瞒我的缺点，充分显示出他的忠诚，这正是我器重他的原因。"因此，皇帝更加称赞王旦的贤明与德行。

一个人，如果像一杯清水，那么落进一滴墨汁，就会被染污；如果像蔚蓝的大海，那么落进一滴墨汁，依然会保持蔚蓝色。为什么？因为两者的度量不一样。

一个人，如果像不成熟的麦穗，就会向上挺着；如果像成熟的麦穗，就会低垂着头。为什么？因为两者的分量不一样。

一个人如果既有包容别人的度量，又有谦卑自己的分量，那就具有了令世人敬重的质量。

最高的修养是宽容

韩琦是北宋著名政治家、词人。他有为相十载、辅佐三朝的辉煌时期，也有被贬到地方十几年的任职生涯。无论是在顺境，还是在逆境，他都为北宋的发展竭尽全力。他有不少宽宏大量的故事，千古流传，直至今日。

韩琦率兵在定武时，一天晚上正在写信，一个侍卒举着蜡烛站在旁边照亮。侍卒因困倦而导致蜡烛倾斜，烧到了他的鬓发。韩琦立刻用衣袖将火拂灭，继续聚精会神地写信。过了一会儿，韩琦转过头突然发现，已经换了一位举蜡烛的侍卒。韩琦怕主管的人惩罚那位侍卒，连忙说："不要换掉他，他已经知道怎样持蜡烛了。"军中的官兵听说此事后，都十分佩服韩琦。

韩琦在镇守大名府时，有人献上两个玉杯，说："这是种田人在破坟中找到的，是绝世之宝，里外都没有瑕疵。"韩琦十分喜爱玉杯，用百两银子酬谢了献杯的人。每逢设宴招待客人，韩琦都摆一张桌子，盖上锦缎，把玉杯放在上面。一天，招待管理水运的官吏，韩琦准备用这两个玉杯为客人斟酒。没想到，一位侍卒不小心撞倒了桌子，两个玉杯都摔碎了。那位侍卒立刻跪在地上等候惩罚，客人一时不知如何是好。韩琦若无其事地笑着对客人说："任何物品的存亡，都有一定的规律。"之后又对那位侍卒说："这是失误造成的，并不是你故意的，不是什么必须惩罚的过错。"客人都对韩琦宽厚的德行和度量佩服不已。

韩琦镇守相州时，因祭祀孔子而住在官府。夜间，有一个拿着刀的小偷冲进房中，对韩琦说："我穷得不能养活自己，所以向您求助。"韩琦说："案桌上的财物值不少钱，都给你吧。"小偷威胁说："我想割下你的头，献给西边的契丹人。"此刻，韩琦面不改色，正气凛然，将生死置之度外。小偷忙跪地叩头说："早就听说您的度量很大，所以来试试您。案桌上的东西我拿走了，希望您不要将此事说出去。"韩琦说："我答应你。"事后，韩琦信守诺言，守口如瓶，没有告诉任何人。后来，这个小偷因为犯了其他重罪而被判死刑。小偷在临刑前，说出了这件事的详细情况。行刑的人问他："为什么说出此事？"他回答说："我担心我死后，韩大人的德行没有人知道，所以要说出来。"

宽容的本质是友善。人生最高的修养是宽容。宽容不仅能抚慰别人，而且能升华自己。

魏文侯守信

魏文侯是战国时期的魏国开国君主。史书记载了1500多年前有关他的守信故事，一直流传至今。

一天，魏文侯同管理森林的小官约定，次日一起去打猎。第二天，突然刮起了大风，而且越刮越大。侍臣都劝阻他不要去打猎了。他说："不能因为风大的缘故，在不通知下属的情况下，就擅自取消了打猎计划，让人家苦等。这样不讲信用的事情，我绝不能做。"于是，魏文侯驾着马车，顶着大风，赶去告诉手下的小官，取消了这次打猎活动，并约好了下次再去打猎的时间。

等到了约定一起去打猎的那天，魏文侯正巧宴请文武百官，君臣开怀畅饮。不巧的是，宴请即将结束时，天又下起大雨。魏文侯决定结束宴请，前去赴约。左右官员建议："今天您刚喝了酒，天又下雨，可以改日再去吗？"他说："我既然约好了今日去打猎，怎么能言而无信、不去赴约呢？无论是对待下属，还是对任何人，失信都是很不尊重人的事情，也有损自己的信誉。"于是，他冒雨欣然前往。

见微知著。仅从守信的这件小事，也能看出魏文侯可贵的为人之道了。在魏文侯的领导下，魏国很快成为战国初期最强盛的国家，受到各国的普遍敬重。

情比钱重

˅

2016年1月11日,73岁的美国副总统乔·拜登,在接受美国有线电视新闻网采访的时候,讲诉了奥巴马总统令自己感动的一件事。

那天吃午饭的时候,乔·拜登向身边一起就餐的奥巴马说出了自己的痛苦:最得意的长子博·拜登毕业于宾夕法尼亚大学,曾在美国特拉华州任总检察长。2013年,他不幸患了脑癌,在休斯敦癌症中心医院接受治疗,效果还不错。可是到了2015年,他的病情急速恶化,5月20日又被送进马里兰州的沃尔特里德国家军事医疗中心接受治疗。他因病从总检察长的位置上退下来之后,收入少了很多,也就没有足够的钱治病了。自己和妻子吉尔商量后决定卖房筹钱,给他治病。

奥巴马总统听后站了起来,毫不犹豫地说:"你们千万别卖房子!我给你们钱。不管你们需要多少,我都会尽最大努力给你们的。"随后,又恳切地说:"拜登,请你向我保证,不要卖房子了!"

2015年5月30日,46岁的博·拜登因患脑癌不幸病逝。但乔·拜登提及此事,还是感动地对记者说:"在奥巴马的心里,情比钱重。他爱自己的家,也爱我拜登的家。我也爱他们,就像一家人。"

允许不哭和允许不欢呼

∨

2012年12月8日,中国作家莫言身着中山装,在斯德哥尔摩老城的瑞典文学院,面对着200多名中外听众做了题为《讲故事的人》的演讲。其中,他讲了下面这个故事。

"我上小学三年级的时候,学校里组织我们去参观一个苦难展览,我们在老师的引领下放声大哭。我看到一片真哭假哭的同学之间,有一位同学,脸上没有一滴泪。他睁着大眼睛看着我们,眼里流露出惊讶,或者是困惑的神情。事后,我向老师报告了这位同学的行为。为此,学校给了这位同学一个警告处分。这位同学十几年前就已去世,每当想起他,我就深感歉疚。"

紧接着,莫言说:"这件事让我悟到一个道理,那就是:当众人都哭时,应该允许有的人不哭。当哭成为一种表演时,更应该允许有的人不哭。"

从莫言上面的故事,不禁想到了法兰西皇帝拿破仑到特拉斯堡小学视察的故事。

那是1798年3月的一天,拿破仑到特拉斯堡小学视察。孩子们在老师的引领下,欢迎仪式搞得既隆重又热烈。

拿破仑微笑着走向师生,欢呼声更加响亮,许多孩子还激动地流下了眼泪。有个小姑娘将花环戴在他的脖子上,兴奋地说:"我亲手编织了这个花环，以表达我们对您的爱戴。"

拿破仑深受感动，脸上露出了幸福的笑容。突然，他看到一个小男孩低着头，专心致志地爱抚着手中的一只小鸟。他感到很奇怪，就走了过去，抚摸着小男孩的头，亲切地问："看到我来了，你怎么一点也不激动？"

小男孩睨了拿破仑一眼，伤心地说："你长得不是和我们大家一样吗？有什么好激动的！对于我来说，眼下最关心的事情，是如何救活这只小鸟。这只小鸟才出生不久，大概是因为我们的声音太大了，惊动了树上鸟巢里的这只小鸟。它掉了下来，摔伤了。"

旁边的一位女老师拽了拽小男孩的衣角，低声训斥道："安德烈，你真不懂事，见到陛下怎么不欢呼，还摆弄小鸟，太没礼貌了！"

安德烈又睨了拿破仑一眼，说："他长得很矮，几乎和我差不多高，没有什么特别的地方，有什么值得欢呼的？"

女老师正要继续训斥安德烈，拿破仑连忙阻止了她，理解地说："安德烈说得对，每个人都有属于自己的调门。当众人都欢呼时，应该允许有的人不欢呼；当欢呼成为一种表演时，更应该允许有的人不欢呼。"

后来，特拉斯堡小学将"每个人都有属于自己的调门"作为校训，雕刻在大理石上，并将其安放在了学校的大门前。200多年过去了，从这里走出的孩子都记住了这个校训，都懂得一个道理：应该允许"每个人都有属于自己的调门"，这是一种包容，也是一种和谐。

其实，无论是莫言的允许不哭，还是拿破仑的允许不欢呼，实质都是倡导真诚，反对虚伪。

真诚如精金美玉，虚伪如败絮瓦砾。可以说，只有允许不哭，允许不欢呼，世界才能充满真善美。

益 友

北宋时期曾经有两个宰相：一个叫司马光，字君实，是著名的政治家、史学家、文学家；另一个叫王安石，字介甫，是著名的思想家、政治家、文学家、改革家。他们才华横溢，年龄相近，司马光比王安石长两岁。他们都受到了宋神宗的赏识，同时晋升为翰林学士；都蒙受过政治家、文学家欧阳修的教诲和举荐；都与大诗人梅尧臣结为忘年之交；都在"包青天"包拯的手下担任过判官；都不好声色，不恋官职，不贪钱财，不追名利。这些共同的经历、志趣和品格，使得他们的互相倾慕之心始终未变，就连租赁住宅，都愿意彼此为邻。

1069年，在王安石变法的初期，司马光并未公开持反对意见。在有人要弹劾王安石时，司马光还进行劝解、说服和阻止。直到王安石颁发了"青苗法"之后，司马光才表现出越来越强烈的不满。司马光接连给王安石写了三封信，责备并劝告其放弃变法。王安石严词予以反驳，写下了著名的《答司马谏议书》。他们因政见不同，难免争得面红耳赤。即使在皇帝主持的议政会议上，他们也针锋相对，各不相让。尽管不断地争论使他们日渐疏远，甚至几乎达到唇枪舌剑、势不两立的地步，但心中却仍惺惺相惜，难以割舍。

1071年，面对升为宰相、如日中天的王安石，大权旁落、陷入悲惨境地的司马光，毫不犹豫地选择了辞职离京，退让回家。他在洛阳极其简陋的居所里，主持编撰了294卷近400万字的编年体史书——《资治通鉴》。他为此几乎耗尽了心血，专心致志地干了整整19年。

一个反对王安石变法的官员死后，司马光为其作墓志铭，其中有讽刺变法的话。有好事者将这个墓志铭献给了王安石，以为他会勃然大怒，并迁怒于司马光。不料，王安石却将此铭文恭恭敬敬地挂在墙上，并由衷地赞美道："君实之文，西汉之文也。"

皇帝曾询问大权在握的王安石，对远离政治舞台的司马光有何看法。出人意料的是，王安石对司马光大加赞赏，称其为"国之栋梁"，对其人品、能力、文学造诣都给出了极高的评价。

天有不测风云，人有旦夕祸福。多年之后，皇帝听信了谗言，罢了王安石的官。墙倒众人推，树倒猢狲散。很多人跳了出来，向皇帝告王安石的黑状。与此同时，时年66岁的司马光被召回开封，出任宰相。

皇帝要给王安石治罪，征求重回宰相职位上的司马光有何意见。很多人都以为，王安石害得司马光丢了官，此刻正是报仇雪恨、落井下石的大好时机。然而，司马光却恳切地告诉皇帝："臣与王安石交往多年，是难得的益友之交，是在思想、学习、工作上足以互助的好朋友。王安石博学多才，胸怀坦荡，忠心耿耿，直言不讳，疾恶如仇，没有私心，有古代的君子之风。陛下万万不可听信谗言！"

皇帝听完司马光对王安石的评价，联想到王安石对司马光的赞赏，深有感触地说："卿等皆君子也！卿等无愧益友也！"

当司马光得知王安石病逝的消息后，深为悲戚。他抱病写道："介甫文章节义，过人处甚多……不幸介甫谢世，反复之徒必诋毁百端。光意以谓朝廷宜优加厚礼，以振起浮薄之风！"朝廷根据司马光的建议，追赠王安石正一品荣衔——太傅。后来，司马光在写宋朝历史时，也对王安石做出了公正、客观的评价。

尽管司马光与王安石的政见不同,甚至水火不容,但却都以社稷为重,光明磊落,友善相处,珍惜朋友,从不计较个人的恩恩怨怨。因此,他们一直被世人视为伟大的益友、政敌、君子和楷模。

大师的胸怀

　　1909年，19岁的陈寅恪从复旦公学毕业后，开始了长达16年的西洋游学之旅。他先后到德国柏林大学、瑞士苏黎世大学、法国巴黎高等政治学校、美国哈佛大学等校就读，皆以天才而闻名。他掌握了梵文、巴利文等十几种语言，学习了物理、数学等学科，还读过《资本论》。尽管他的学问贯通中西，融汇古今，深不可测，却从未获得过一个学位。因为在他的眼里，文凭不过是一张废纸。他说："考博士学位并不难，但两三年内被一个具体专题束缚住，就没有时间学其他知识了。"

　　1919年，国学大师吴宓在哈佛大学认识陈寅恪后，惊为天人："寅恪为全中国最博学之人。"1923年，历史学家傅斯年在欧洲求学时结识陈寅恪后，佩服之至："寅恪之学问，三百年来一人而已！"

　　1925年，清华创办国学研究院，欲聘四位大师，以培养国学之栋梁。研究院聘请的第一位导师是中国近代美学开创者王国维，第二位是近代中国思想启蒙者梁启超，第三位是中国汉语语言学之父赵元任。

　　那么，第四位导师该聘请谁呢？

　　此时吴宓教授推荐："陈寅恪可担此任。"校长曹云祥不知陈寅恪的底细，便问梁启超："陈寅恪是哪国毕业的博士？"梁答："他不是博士，也不是硕士。"曹又问："他有没有著作？"梁答："也没有著作。"曹说："不是博士，又没著作，这可就难了！"梁说："我梁启超虽然著作等身，但所有著作加一起，也不及陈先生三百字有价值。"梁还说："如果不尽快把远在德国的陈先生请回来，恐怕就要被外国的大学请去了。"曹云祥听后十分惊讶，立即决定聘陈寅恪为第四位导师。正是由于梁启超的慧眼识珠、鼎力推荐，才使陈寅恪这位旷世奇才走进了清华园，成了大名鼎鼎的"教授中的教授"。事后，曹云祥常为将陈寅恪请到清华而庆幸不已。

按理说，陈寅恪对梁启超即使不感恩戴德，至少也应礼让三分，但他们却因陶渊明弃官归隐的主要动机，争论得毫不留情。他们因见解不同以致水火不容，一度被传得沸沸扬扬。

著名诗人陶渊明出生在东晋末期。东晋灭亡后，他坚决弃官归隐，誓不与新政权合作。他此举的动机，引发了后世的长期争论。作为史学大家的梁启超，自然有自己的一家之言。他认为，陶渊明弃官归隐的主要动机，是不肯同流合污，是不肯干有损于自己人格之事。

陈寅恪则提出了迥然不同的意见：陶渊明弃官归隐的主要动机，是"耻事二姓"，就是把为不同王朝效力视为耻辱。同时，针对梁启超本人"无论从政还是从教，都不在乎在清朝还是在民国"的做派，陈寅恪批评道："取自身之思想经历，以解释古人之志尚行动。"客观地说，陈寅恪的批评不仅力道十足，而且尖酸刻薄。

有人担心地劝告陈寅恪："梁公是你的伯乐，对你有知遇之恩，你这样做，就不怕别人说你忘恩负义吗？"陈寅恪笑答："错了！我这样做，才是对梁公最大的尊重，才是没有辜负他对我的赏识和抬举。"

有人嘲笑梁启超，推荐陈寅恪是引狼入室、咎由自取。他回敬了一句耐人寻味的话："无论是批评陈寅恪的人，还是讥讽我的人，都把我们看得太小了。"

陈寅恪和梁启超是被公认的两位大师。两位大师虽有争论却极为坦荡，恰恰证明了他们的胸怀博大：他们都能把个人的恩怨情仇和荣辱胜败完全置之度外，而把对学术和真理的追求看得高于一切。

不可轻易评论人

那是蔡元培任北京大学校长时的一天,他在校园里看到一名学生在角落里哭泣。原来,这个学生的家乡发生了水灾,父母不仅没有了安身之处,而且连一日三餐都成了大难题。可他只是一名穷学生,根本没有能力帮助父母。蔡元培了解了他的困难后,当即决定资助他50块大洋。学生连连摆手说:"不,我不能接受!这太多了,我不知道我什么时候才能还上。"蔡元培和蔼地说:"不急,可以慢慢来。"随后,蔡元培把50块大洋送到了这个学生的宿舍。

可是,这名学生并没有上门对蔡元培表示感谢,逢年过节时也没有表示过问候,甚至每次见到蔡元培都故意躲着走。蔡元培的一个朋友得知后很不满,愤愤不平地对蔡元培说:"你对他可谓是恩重如山,可他竟然一点感恩的意思都没有,太过分了。"蔡元培却说:"也许他有别的苦衷,我们就别苛求了。"

几年后,蔡元培资助过的那个学生已经事业有成。他为了还钱,登门拜访了已不在北大任职的蔡元培。提起当年的事情,他泣不成声地说,当年蔡校长对他的恩情太重,自己内心感恩戴德,但却不知道如何回报,因而深感羞愧,所以只好选择了逃避。

1947年,被季羡林先生用"高人、逸人、至人、超人"形容的著名学者张中行,在协助巨赞和尚编辑佛学月刊《世间解》时,向俞平伯先生约稿。俞平伯欣然同意,写了篇长文《今世为何需要佛法》。张中行很满意,很快就在月刊上发表了。过了一段时间,俞平伯写信询问稿费之事。张中行看后十分不理解,一位大作家、大诗人,怎么会如此在意稿费这样的小事呢?因此,张中行对俞平伯产生了看法——太俗气。直到俞平伯去世之后,张中行在《新文学史料》中读到了一段史料,才知道当时俞平伯一家的生活极其困难,甚至靠夫人典当度日。心底极其善良的张中行因此感到不安,甚至惭愧。为了告慰故人,表示歉意,张中行以自责之心写下了此事,后悔在不了解俞平伯苦衷的情况下,就贸然地对其人格进行评价。

　　蔡元培和张中行的两件小事,从正反两个方面告诉我们:谁都不可轻易地评论人。因为在不了解别人苦衷的情况下,即使看似非常合情合理的推断,也很可能做出完全错误的评价。

尊重别人　高贵自己

1789年7月14日，法国大革命爆发。法国人民攻占了巴士底狱，关押了国王路易十六和皇后玛丽·安托瓦内特。为了防止帝国制度复辟，1793年1月21日在巴黎革命广场，将国王路易十六推上了断头台；10月16日，又将皇后玛丽·安托瓦内特推上了断头台。当皇后在断头台不经意踩到了刽子手脚的时候，她下意识地说："对不起，我不是故意的。"尽管人民非常痛恨这个挥霍无度、贪得无厌的皇后，但这句话却成了流传下来的一句名言。因为这句话是一种极其高贵的尊重，让每个人都肃然起敬。

斯路肯夫是苏联的文学家。有一天，他在公园散步时，看到公园的角落里有一个衣衫褴褛的乞丐。乞丐很羞怯，仿佛鼓足勇气才伸出行乞的双手。大多数路人对乞丐视而不见，有的甚至还指指点点，这让乞丐伸出去的双手更加颤抖。斯路肯夫非常同情乞丐，心想一定要给点钱，至少能让其饱餐一顿。可是，他搜遍了全身也没有找到一分钱。望着乞丐充满期待的双眼和颤颤巍巍的双手，他感到十分过意不去。思索了片刻之后，他走上前紧紧握住乞丐那脏兮兮的双手说："真是不好意思，今天我身上没带钱。"乞丐顿时热泪盈眶，说："先生，谢谢您不嫌弃我。您已经给我了施舍，您的握手就是对我最大最好的施舍。没有尊严的日子，比没有钱的日子更难忍受。"

德国著名思想家康德，在离世前身体极为虚弱。当医生前来看望时，他依然坚持起身相迎，请医生就座。待医生坐定后，他才坐下。休息一会儿后，他用尽全身的力气，非常吃力地说出了最后的一句话："对人的尊重，还没有离我而去。"

夏衍是中国著名文学家、戏剧家、社会活动家，是文化界的老领导。1995年2月初，95岁的夏老是在医院里度过的。他临终前感到特别难受，秘书发现后赶紧说："我去叫大夫。"就在秘书即将离开病房之时，夏衍突然睁开了眼睛，艰难地纠正说："不是'叫'，是'请'。"随后就昏迷过去，再也没有醒过来。这句话，竟成了夏老的最后遗言。

有记者问台湾文学家余光中："李敖好斗，总找你的麻烦，你为什么置之不理？"他回答："李敖天天骂我，那是他的生活不能没有我；我不理他，那是我的世界里没有他。一个人的成就，并不是把别人的缺点找出来。我更希望把精力多放在写作上。"

尊重超过自己的人，是一种明智；尊重不如自己的人，是一种谦和；尊重与自己相同的人，是一种友善；尊重反对自己的人，是一种风度；尊重每一个人，是一种教养。

爱人者人皆爱之，尊人者人皆尊之。尊重别人，就是高贵自己。

82 岁流浪奶奶的坚守

在澳大利亚的第二大城市墨尔本,有一位 82 岁的流浪老奶奶——娜塔莎。她瘦小伛偻,披着破旧不堪的大衣,一头灰白的长发,脸上布满了岁月刻下的皱纹,手中经常提着两个旧布兜,但却一直坚守着对演奏钢琴的热爱。

娜塔莎出生在澳大利亚珀斯的一个贫苦家庭,似乎是为演奏钢琴而生。她 13 岁进入教会学校之后,就与钢琴结下了不解之缘。她几乎把所有的时间都用来练钢琴,并且展现出惊人的天赋。仅仅练了两年,她就被伦敦皇家音乐学院选中,并在录取通知书上承诺,给她提供大部分奖学金。然而,伦敦高昂的生活费,还是让她望而却步。经过内心激烈的斗争,她最终无奈地放弃了这次机会。

后来,娜塔莎结婚,生有两个女儿和一个儿子。她依然热爱演奏钢琴,经常一边哄孩子,一边弹钢琴。这段和孩子与钢琴共处的日子,是她生命中的一段幸福时光。

然而,命运无情地扼住了娜塔莎的喉咙。她的两个女儿突发意外离世;儿子患上严重的忧郁症,住进了医院;丈夫因无力承担医药费而和她离了婚,并带走了房产。家庭的变故,经济的压力,让她的秀发一夜变白,她成了一个无家可归的流浪者。

娜塔莎没有怨天尤人,而是心平气和地与命运摊了牌:"你夺走了我的儿女，夺走了我的丈夫，夺走了我的家庭，但绝对夺不走我对钢琴的热爱。"只要我这双手还能按动琴键，生活对我来说就依然有值得留恋的美好。"从此，她的生活几乎只剩下一件事：不是在弹琴，就是在弹琴的路上。

每天晚上，娜塔莎住在救济院。白天，她拿着人们给的零钱去钢琴行租琴演奏。不过人们并不总是那么慷慨，有时候她一整天分文无收，自然也就没钱租琴。于是，她便到各处蹭琴，或者到墨尔本市图书馆，或者到维多利亚酒店，或者到卖钢琴的商场……值得欣慰的是，没有人嫌弃她的老态龙钟，没有人嫌弃她的破旧衣着，更没有人将她驱逐追赶。

当流浪奶奶那双饱经岁月磨砺、关节甚至有些蜷曲的手碰到黑白键时，悠扬温雅的天籁之声就飘扬而出，似春风拂面，似泉水叮咚，就像母亲温暖的双手轻抚着人们和这个城市疲惫不堪的心灵。最难能可贵的是，她演奏的曲子多是原创或即兴表演。人群驻足停留，洗耳恭听。此刻，居无定所、生活艰辛的她，脸上写满了幸福，宛若身心都在天堂。

商场的经理发现了一个有趣的现象：只要流浪奶奶来商场蹭琴，顾客就会明显增加，销售额也会明显增加。于是，经理对她说："你弹的这么好，干脆我们给你一些钱，以后就在这里安营扎寨吧！"没想到，一贫如洗的她一口回绝："如果为了一点钱去弹奏，心灵就会蒙上灰尘。"

有一天，流浪奶奶在街头演奏时突发重病，被送到医院抢救。可病情稍有好转，护士们却发现她失踪了。直到从医院的一个角落飞出琴声，人们才恍然大悟：原来穿着病号服的她早已忘记了病痛，正在意外发现的钢琴上忘情地演奏着。

2014 年，有人将流浪奶奶在街头演奏的视频传到了网上，没想到点击量竟达到 580 多万次。随后，有人帮她在"脸书"上建了网页。因此，她的经历和故事迅速传播，引起了媒体和世人的广泛关注。人们在同情她遭遇的同时，也被她对梦想的坚持与热爱所感动。

流浪奶奶的名气越来越大，唱片公司不惜斥巨资，要买下她原创作品的版权；不少广告商愿出高价，希望在她的演奏视频中加贴广告。但都被她拒绝了，理由很简单："我不为钱。对我来说，只要音乐能够让匆忙的行人驻足，能够得到陌生人的称赞，就是我最大的满足。"

越来越多来自世界各地的人，专程前去和流浪奶奶合影。看到这些善良的面孔，即使演奏很累，她也从不拒绝。她说："非常感谢你们！能与这么多善良、纯真的人一起分享生活，是一件多么美好的事情啊！"

墨尔本是举办过澳网公开赛、F1分站赛、时装、赛马等全球众多知名赛事的国际都市，是汇聚着全球顶尖学府的文化名城，并拥有着"时尚之都"的美誉。最近，墨尔本市民形成了一个共识：把看似"邋遢"的流浪奶奶娜塔莎，作为城市的荣誉和象征。因为，她的优雅，让全世界着迷；她的故事，令无数人心碎。

不错，应该感谢流浪奶奶几十年如一日地为墨尔本赢得声望，同时也应该感谢墨尔本为流浪奶奶的梦想插上了翅膀。愿这里永远琴声悠扬！愿这里永远美若天堂！

一张百元纪念钞

那次上培训课,李教授面对会议室里的200来名学员,手举着一张100元的人民币介绍说:"2000年,是华夏儿女为之自豪的'千禧龙年'。这一年的11月28日,中国人民银行首次发行了'迎接新世纪'100元塑料纪念钞一套。此纪念钞主体刻画了民族图腾'龙'的形象,其矫健雄姿象征中华民族像龙一样腾飞。此纪念钞的画面设计简洁、新颖、大气,具有民族特色,展现了我国政治稳定、民族团结和社会进步的现实,对增强我国各民族人民的凝聚力和向心力有着重要意义。此纪念钞共发行1000万张,很有收藏价值。由于刚发行时没有得到应有的关注和投资,导致其应有的市场价值无法得以体现,曾连续10年在110元到130元之间摇摆不定。但从2010年起,这条中国龙终于开始腾飞,鼎盛时期其市场价值创出了3500元的好成绩,目前市价在1900元左右,但仍有升值潜力。我说的这些,各位都可以在网上轻易查到,并得到证实。可以负责地告诉各位,我手中的这张迎接新世纪的100元纪念钞,是经过专家和验钞机反复鉴定的真品。"

介绍完100元纪念钞之后,李教授说:"可是,偏偏有人说这是一张骗人的假币。现在,我要按面值100元转让给在座的一位学员,请问哪位愿意要?愿意要的,请举手。"几乎所有学员都举起了手。

随后,李教授说:"在我转让之前,请准许我做一件事。"他佯装一边折叠100元纪念钞，一边问："谁还愿意要？"几乎所有学员都举起了手。

接下来，李教授把100元纪念钞扔到地上，佯装踏上了一只脚的样子，问："谁还愿意要？"几乎所有学员都举起了手。

此刻，李教授捡起纪念钞，话锋一转："这张迎接新世纪的100元纪念钞的面值，没有因为被诬陷为假币而贬值，没有因为被折叠有皱褶而贬值，也没有因为被践踏、被玷污而贬值，它至少依然是货真价实、名副其实的100元。"

最后，李教授总结道："其实，每个人都有独特的内在价值。从根本上说，这种内在价值不会因为遭受诬陷、羞辱和诽谤而贬值，也不会因为遭受挫折、磨难和践踏而贬值。只要坚持做最好的自己，只要坚信金子一定会发光，我们就可以做到是非审之于己，毁誉听之于人，得失安之于数，成败归之于零，荣辱不惊，去留无意。"

小泽征尔的第一位

∨

1994年5月4日至8日,大师级日本指挥家、被誉为"新卡拉扬"的小泽征尔应邀到沈阳,指挥辽宁交响乐团演出《德沃夏克第九交响曲》。

小泽征尔到沈阳后,立刻投入到紧张的排练。他的目标非常明确,一定要给沈阳人留下一场精彩的演出。第一天,在排练完第四乐章后,他紧皱眉头,感到与自己的预期相距甚远,便自言自语:"怎么会这样?这样的乐团怎么能去演出?"他思忖片刻,用指挥棒重重地敲了一下乐谱架,说:"从明天起,我们进行个人演奏过关训练。"

团长听后十分惊讶:"这等于说,小泽征尔让每个人从基本功练起啊!大师级指挥家怎么会亲自指挥如此初级的排练呢?"此刻,在演练厅等候的官员要与小泽征尔商量如何安排宴请等事宜。他婉言谢绝道:"我这次来只有一个目的,就是送给沈阳人最满意的交响乐。现在,我没有时间会见任何与交响乐无关的人。"

此后,小泽征尔每天都精益求精地指挥乐团训练6个小时,一次一次地纠正乐手的不足。汗水湿透了那标志性的长发,他依然不知疲倦地坚持着。到了第三天下午,他实在太累了,一脸的疲惫,先是蹲在地板上指挥,后来跪在地板上指挥,汗滴落在乐谱和地板上……

小泽征尔一次又一次地纠正第一小提琴手的演奏,可还是难以过关。望着疲惫不堪的指挥大师,第一小提琴手既愧疚又着急,先是流泪、抽泣，后来竟然失声哭了起来："大师，对不起，我不行了！您还是另选他人吧。"

在场的人都很担心，似乎等待大师发火。不料，小泽征尔却十分平静地说："你行，只差一点点，请再来一次。"当第一小提琴手拉完后，大师捋着头发商量道："谢谢，请再来一次好吗？"当第一小提琴手过关后，大师接过擦汗的毛巾，笑着说："你们都行，谁也没有理由泄气……"

功夫不负苦心人，这场演出获得了极大的成功。在沈阳市政府及辽宁交响乐团的答谢宴会上，小泽征尔对所有演奏员说："四天来，你们和我都尽了最大的努力，我们共同创造了奇迹！"

有位记者得知，小泽征尔1935年9月1日出生在沈阳，对出生地怀有深厚的感情，于是问："您这次来，是把访问出生地放在第一位，还是把音乐放在第一位？"他坦率地回答："我爱我的出生地，但更爱音乐。我走遍世界，无论走到哪里，都永远把音乐放在第一位。"

小泽征尔永远把音乐放在第一位，是对艺术的敬畏，是对听众的敬畏，是对事业的敬畏。只有心存敬畏的人，才能成为真正的大师。

不媚上,不欺下

∨

贞观十四年(公元640年),唐太宗准备到同州打猎。官职很低的栎阳县丞刘仁轨得知后,给唐太宗写了一道奏章。他说:"今年,全国各地风调雨顺,庄稼长得非常好。现在正处于收割季节,百姓刚开始收割庄稼,还没收完十分之一。即使拼尽全力收割,也还得半个月才能全部收割完。如果陛下此时到同州打猎,势必会影响百姓收割庄稼。希望陛下能够听取微臣的建议,将打猎的日期往后推迟半个月。如果这样,百姓就能有好收成,就能更加安居乐业,也就能更好地为朝廷效力,这对百姓对国家都有好处。"

唐太宗看了奏折之后,觉得刘仁轨直言敢谏,且很有道理,不仅痛快地接受了建议,而且还提拔了他。史书上记载了唐太宗对刘仁轨的嘉奖:"卿职任虽卑,竭诚奉国,所陈之事,朕甚嘉之。"不久,唐太宗任命刘仁轨为新安县令,后来提升到给事中。就这样,刘仁轨因位卑未敢忘忧国的不媚上品格而青史流芳。

北宋宰相赵普曾向宋太祖推荐才华出众的刘辰担任昭文馆大学士,但宋太祖不以为然,没放在心上。第二天,赵普又上奏,宋太祖还是置之不理。第三天,赵普再次上奏,宋太祖起初很不耐烦,随后龙颜大怒,竟然把奏章撕碎了扔在地上。赵普脸色不变,跪在地上,把撕碎的奏章拾了起来,放在了袖子里。回到家之后,赵普把撕碎的奏章纸片粘接成原样。过了几日,赵普又像前三次那样,恭恭敬敬地呈上。

宋太祖傲慢地说:"我就是不准,你能怎么样?"赵普据理力争:"推荐人才,是为国家着想,陛下怎能凭个人的好恶而如此专断!"宋太祖听了,气得脸色变白,一甩袖子走向内宫。赵普不能进入内宫,便站在宫门外不肯离去。过了很久,宋太祖终于醒悟过来,采纳了赵普的推荐,重用了刘辰。就这样,赵普因推荐人才的不媚上品格而青史流芳。

1958年,胡适回台湾就任"中央研究院"院长。对此,蒋介石甚是高兴。4月10日,蒋介石亲自出席胡适就职"中央研究院"院长典礼暨第三届院士会议,并发表了精心准备的祝贺演讲词,其中对"打倒孔家店""五四运动"等发表了极具政治色彩的否定论述。

胡适认为,蒋介石的讲话违反了学术研究的独立原则,干涉了学术研究的自由。于是,胡适在答谢词的开头就毫不客气地说:"总统,你错了!"此话一出,蒋介石极度惊愕,但胡适并没有给蒋介石留情面,而是针锋相对地说:"我所谓的打倒,是打倒孔家店的权威性、神秘性。世界上任何的思想、学说,凡是不允许人家怀疑的、批评的,我都要打倒!"

瞬间,蒋介石的怒火被点燃了。他勃然大怒,甩袖站立,若不是张群、陈诚等人拉住他,他已然愤然而去。蒋介石在日记中怒不可遏地写道:胡适的讲话,简直是一种"侮辱"。但是,胡适对此事毫不后悔。就这样,胡适因坚持学术自由的不媚上品格而青史流芳。

那年,奚啸伯在天津演出,住在裕华宾馆。他的戏码排得密实,每天都很累。一个星期天的中午,突然来了几十名中学生,要请奚啸伯签名留念。陪伴父亲的儿子奚延宏得知后很不高兴,不想叫这群学生进来。奚啸伯当即制止,不但和学生见了面,还用毛笔工工整整地为他们一一签名留念。学生们高兴地走了,奚啸伯对儿子说:"你为什么要回绝人家呢？""一群孩子，懂什么！""孩子也是我们的观众，虽说他们现在才十几岁，可再过几年就都长大成人了，会分配到各地去工作。这不等于为京剧播下种子吗？你今天冷淡了他们，人家就会对你有不好的印象或看法，这无形中就留下了隔阂。"奚啸伯郑重地对儿子说："在人上，不欺下；在人下，不媚上。没有人缘，就没有戏缘，更谈不上饭缘儿。"

105岁的杨绛先生，始终非常看重不媚上、不欺下的品格。她说："在我的一生中，我一直在努力做一个不媚上、不欺下，谨守忠恕之道的正直诚恳的人。"

山阴金先生在《格言联璧》中说的精辟："君子之事上也，必忠以敬，其接下也，必谦以和；小人之事上也，必谄以媚，其待下也，必傲以忽。"这就是说，君子对待比自己地位高的人必定忠诚恭敬，对比自己地位低的人必然谦虚和气；小人对比自己地位高的人必定阿谀奉承，对比自己地位低的人必然傲慢无礼。

可以说，坚持不媚上、不欺下的品格，是正人君子的共同风骨。

俯卧人生的昂扬梦想

2016年6月7日至8日,全国高考。河南省焦作市一中高三26班17岁的朱志强同学的考场,在市人民中学一教学楼的5层。尽管他母亲周春连由于干苦力活落下了腰腿疼病,但仍穿着棉裤,带着护腰,背他进出考场,上下楼8次。

8月2日,朱志强收到了高考录取通知书。他以总分645分,高出当地理科一本线122分的成绩,考入武汉大学数学系。赶到家里祝贺的乡亲们纷纷感慨道:"对这个出身贫苦家庭的下半身瘫痪的孩子来说,能取得这样的成绩,太不容易了!"

朱志强是修武县周庄镇周庄村人,在出生的第三天,被查出患先天性脊膜膨出,下半身没有知觉。他虽然天生残疾,但父母没有嫌弃他,反而加倍地关爱他。为了早日还上给他做手术欠下的债,父亲朱全美拼命地外出打工,母亲在家承包20亩地,养过1000只鸡,给企业编过筐,在建筑工地打过小工……

朱志强到了上学年龄后,看到别的小朋友每天高高兴兴地背着书包去学校上学,心里非常难过。他的父母下定决心,不管多苦多累,也要让儿子走进向往已久的教室。在母亲的接送下,他开始了求学生涯。

从小学一年级开始,朱志强就非常刻苦地学习,付出了比常人多几十倍甚至上百倍的艰辛。刚到初中,由于长时间坐板凳,他长出了褥疮，敷药换药，不见好转，被迫做了两次手术。初三以后，由于身体不能支持久坐，医生建议他休学。为了不耽误学业，经学校同意，母亲在教室后面，给他铺了一张不足一米宽的床，即"特殊的课桌"。从此，他开始了趴着听课、趴着写作业的"俯卧式"学习。他初中时的课间出行，一直是友善的常安南同学一个人承包。尽管他的学习遇到了困难重重，但每一次考试都是县里第一名，还被评为焦作市三好学生。2013年中考，他以优异的成绩被焦作一中宏志班录取。

朱志强考入焦作一中宏志班之后，母亲在学校对面租了房，边陪读边打零工。从租住地到学校，母亲的腿就是儿子的腿。母亲用肩背、自行车推、电动三轮车带，铺就了儿子的求学路。高中时的课间出行，由全班23个男生轮流背。为了少给同学们添麻烦，他养成了尽量少喝水、不吃稀饭的习惯。

走进焦作一中校园，无论是在教学楼、宿舍楼，还是在餐厅、操场，都会看到悬挂着"向朱志强同学学习"的横幅。班主任老师王强说："朱志强每堂课都仰着头，睁大眼睛，如饥似渴地汲取知识。这样的场景，想起就让我感动。"同学们说："他以'自尊、自信、自强、自立'为座右铭，有保尔·柯察金般的钢铁意志，在逆境和挫折中自强不息。他的故事在学校广为传颂，鼓舞着每一个人。"

朱志强感恩地说："我今年17岁，是花样年华，也是疾病缠身，但只要我活着，就要竭尽全力。我要以自己的生命回报我最亲爱的父母，回报我的兄弟、师长、同窗、朋友，回报云台山玄帝宫慈善基金会从初三起每月给我300元的资助，回报所有关爱我的人。"

为了迎接即将到来的大学生活，朱志强正在读《人生不设限》这本书。他说："我要像天生没有四肢的澳大利亚励志演讲家尼克·胡哲学习，绝不向命运低头，让俯卧的人生也有昂扬的梦想。"

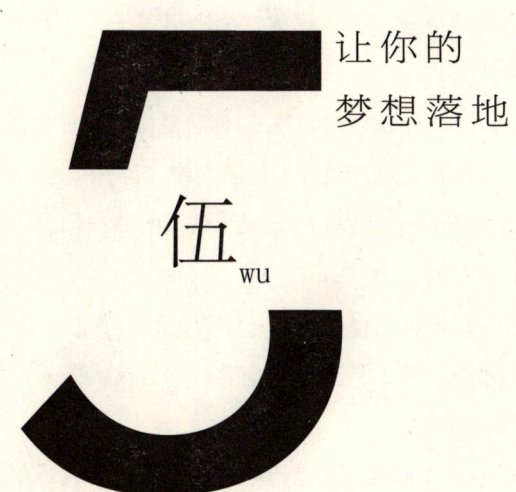

5 伍 wu

让你的梦想落地

你怎样，就会遇到怎样

你若把自己修炼成公主，那你就能吸引王子；你若把自己装扮成妖精，那你就能招惹流氓。

你若是英雄，那你就会遇到英雄；你若是懦夫，那你就会遇到懦夫。

你若是神，那你就会遇见仙；你若是魔，那你就会遇见鬼。

你若选择剩余的剩，那你就会成为剩余的剩；你若选择盛开的盛，那你就会成为盛开的盛。

你若钟情，那你就会得到钟情；你若无心，那你就会得到无心。

你若送人玫瑰，那你就会手有余香；你若向人抛炭，那你就会手留墨色。

你若待人友善，那别人就会待你和气；你若待人苛刻，那别人就会待你刁难。

你若盛开，蜂蝶自来；你若精彩，天自安排。

你是谁，就会遇见谁；你怎样，就会遇到怎样。

一生做好一件事
∨

  安东尼·列文虎克是荷兰显微镜学家,是微生物学的开拓者。他在幼年没受过正规教育,16岁即外出谋生,过着漂泊、苦难的生活。后来返回家乡,在代尔夫特市政厅当了一位看门人。在这个平凡的岗位上,他干了60多年。

  列文虎克的业余爱好是用玻璃、宝石、钻石等材料打磨放大镜,制作显微镜,进而对肉眼看不到的微小世界进行仔细地观察研究。他一生制作了400多个放大镜,其中有的放大率竟达到300倍!他观察研究的主要成就是:首次发现了微生物,最早记录了肌纤维、微血管中的血流,率先揭开了微生物世界的神秘"面纱"。凭借个人的努力,他成为英国皇家学会的会员和巴黎科学院的院士,成了享誉世界的微生物学的"开山鼻祖"。许多名人,包括英国女王、俄国的彼得大帝,都曾访问过他。

  许多人问过列文虎克一个相同的问题:"您成功的秘诀是什么?"每次他都伸出因长期磨制放大镜而满是老茧和裂纹的双手,随后说:"我只是用一生磨好了一镜啊。"

  约瑟夫·雷杜德是比利时的著名花卉画家,因各种精美的花卉水彩画而闻名于世。他生于比利时,但是一生中的大部分时间是在法国居住,许多花卉作品也是在法国完成的,所以有人说他是法国画家。

  雷杜德13岁开始绘画生涯,一生创作发表各类花卉板绘2100余幅，涵盖了1800多个物种，其中相当大的一部分是首次被绘入画中。

雷杜德的一生就是画花，尤其是画玫瑰。法国大革命时期，拿破仑的妻子、法国皇后约瑟芬，在巴黎郊外的梅尔梅逊宅第建造了一座宏伟的玫瑰园，种植了3万株玫瑰，几乎包括世界各地的珍贵品种。约瑟芬皇后很赏识雷杜德的才华，竭力聘请他去玫瑰园画玫瑰。从此以后，任凭法国大革命政权更迭，甚至人头落地、血流成河，雷杜德却专心致志地只管画玫瑰。整整20年，他用独特的绘画风格，记录了169种玫瑰的姿容，出版了《玫瑰图谱》。他画的玫瑰，颜色淡雅，色泽过渡自然，花朵神采各异，更加科学，也更加漂亮。因此，《玫瑰图谱》被誉为"最优雅的学术""最美丽的研究"和"玫瑰圣经"；雷杜德被称誉为"花卉画中的拉斐尔""玫瑰绘画之父"和"玫瑰大师"。

许多人也问过雷杜德一个相同的问题："您成功的秘诀是什么？"他总是说："我只是用一生做好了一件事：画玫瑰。"

此后的200多年，世界各国以各种语言和版本出版了200多种《玫瑰图谱》，几乎每年都有新的版本降临人世。

列文虎克和雷杜德的宝贵经验是：一个人一生专心做好一件事，全世界可能都会围着他转；一个人一生企图做好所有的事，全世界可能都会抛弃他。因为，每个人的一生，都能有时间将一件事做到极致，却没时间将所有的事做到极致。

成功的秘诀
∨

古今中外不少有成就的人，都思考过或被问到过一个共同的问题："成功的秘诀是什么？"

有趣的是，尽管他们的思考与回答有所不同，但实质却很一致。请看：

德国作家歌德说："一个人只骑一匹马，对这匹马骑惯了、熟了，一切就会得心应手。倘若换了别的什么'马'，就很可能四脚朝天。钉子往一个孔钻，会钻得很深。毕其一生精力干一件事，大概会有点出色。"

清代学者纪晓岚说："心在一艺，其艺必工；心在一职，其职必举。"

美国发明家爱迪生说：成功的第一要素是"能够将你身体与心智的能量锲而不舍地运用在同一个问题上而不会厌倦的能力……对大多数人而言，他们肯定是一直在做一些事，唯一的问题是，他们做很多很多事，而我只做一件。"

数学大师陈省身说自己只会做一件事，就是研究数学。他爱数学，有一个原因是："数学简单，只要一张白纸和一支笔就行。"他要求自己："一生做好一件事。"

物理学家丁肇中先生，仅用5年多时间就获得了物理、数学双学士和物理学博士学位，并于40岁时获得了诺贝尔物理学奖。他说："与物理无关的事情我从来不参与。"

意大利著名男高音歌唱家卢卡诺·帕瓦罗蒂在回答"成功的秘诀"时，每次都提到父亲的一句话："如果你想同时坐在两把椅子上，你可能会从椅子中间掉下去，生活要求你只能选一把椅子坐上去。""经过反复考虑，我选择了唱歌。于是，经过7年的不懈学习，我终于第一次登台演出了。又用了7年，我才得以进入大都会歌剧院。而第三个7年结束时，我终于成了歌唱家。要问我成功的诀窍，那就是一句话：请你选定一把椅子。"

六小龄童章金莱用了17年，演好了一个孙悟空。他是"参加拍摄电视连续剧时间最长的主要演员"，创造了两项吉尼斯世界纪录。他写给自己的格言是："一生做好一件事。"

台湾作家余光中在《写给未来的你》中说："记住，每个人的能力有限，我们活在世上能做好一件事足矣。"

俗话说，百事通不如一技精。一事精致，便能动人。古今中外，成大事者，几乎都是专一而行，专注而攻；每天进步一点点，一生做好一件事。

一位美国华工的丰碑

∨

1875年，18岁的丁龙被当作"猪仔"一样，从广东卖到美国加利福尼亚州的港口城市——旧金山。从此，他开始了华工苦力的生涯。

当时的律师和实业家卡本蒂埃，正在加利福尼亚州的一片处女地上建造一座崭新的城市——奥克兰。他修铁路、建海港、造大坝，还筹建军队和市政府，并自任市长。他被人们尊称为"将军"。

卡本蒂埃在自己的企业和家中雇用了一批华工。他发现，华工具有吃苦耐劳、忍辱负重、奋发图强的优秀品质。他特别欣赏略能读书写字的华工丁龙，让其做了自己的贴身用人。

卡本蒂埃日理万机，繁忙不堪，有时难免发脾气。一天晚上，他酒后大发雷霆，盛怒之下解雇了丁龙，并令其立即滚蛋。

次日清晨，卡本蒂埃非常懊悔，因为意识到自己已经失去了最忠诚的仆人。出乎意料的是，丁龙一如既往地准备好了早餐。卡本蒂埃惊讶地问："你为什么没走？"

丁龙平和地回答："将军虽然脾气不好，但毕竟是个好人。孔夫子说，受人之托，忠人之事。我要有忠心，要珍惜将军对我的赏识。"卡本蒂埃被丁龙的忠诚所感动，诚恳地向其道歉，并请他出任自己的管家，负责打理日常事务。

1889年，65岁的卡本蒂埃决定退休。他把奥克兰市交给了联邦政府,离开了加州,回到了老家纽约。举目无亲的丁龙追随孤身一人的将军,在纽约东37街108号安了家。

不久,丁龙得了一场重病,多日不见好转。他担心来日不多,便对卡本蒂埃说:"我在美国,衣食之需全靠将军的照顾,十分满足。现在,我觉得将不久于人世,愿意将所攒的1.2万美元,还给主人。我知道,这全部的积蓄,本来就都是将军的。"卡本蒂埃听后,热泪盈眶:"你的钱我分文不要,我只要尽快治好你的病。"值得庆幸的是,丁龙化险为夷,逐渐康复。

1891年,卡本蒂埃为了答谢多年以来相依为命、忠心耿耿的丁龙,便说:"我想帮助你实现一个心愿,你可以告诉我吗?"

丁龙思考了片刻,说出了珍藏在心中的夙愿:"我想请主人出面,把我积攒的血汗钱,全部捐给一所有名的美国大学,建立一个汉学系,以便让美国人了解我的祖国,了解中国文明。"

这出乎意料的回答,让卡本蒂埃感到,卑微的丁龙有一颗金子般的心。他当即一口答应,一定要尽快让丁龙的梦想成真。

1901年6月8日,卡本蒂埃给自己的母校哥伦比亚大学校长写了一封信。信中说:"50多年来,我从喝威士忌和抽烟草的账单里一点一点地省出钱来。现将一笔钱随此信奉上。我以诚悦之心情将此献予您去筹建一个教授中国语言、文学、宗教和法律的汉学系;并请您以'丁龙汉学讲座教授'为之命名。这笔捐赠是无条件的,唯一的条件是不必提及我的名字。但是我还想保留今后继续追加捐款的权利……"后来,他为了建成这个汉学系一再追加捐款,直至倾其所有,共捐出27.5万美元。

20天之后,即6月28日,丁龙也给哥伦比亚大学校长写了信。信中说:"谨此奉上1.2万美元支票,作为对贵校中国学研究基金的捐款。"署名是:"一个中国人"。别小看这笔捐款,这是他一生的血汗积蓄,即使对于当时的美国一般家庭来说，也是一个天文数字。按照当时美国的黄金官价，1 美元可兑 1.37 克黄金。

但是，当时在居心险恶的美国政治家的煽动下，美国社会弥漫着强烈的反华、仇华情绪。因此，能否接受这个卑微华工的善款，哥伦比亚大学一直顾虑重重。于是，哥伦比亚大学校长给卡本蒂埃写信，对丁龙的身世和捐款刨根问底。

卡本蒂埃在回信中毫不吝啬地赞扬了丁龙的高尚品格："这是一个罕有的表里一致、中庸有度、虑事周全、勇敢且仁慈的人；谨慎小心，克勤克俭。在天性和后天教育上，他是孔夫子的信徒；在行为上，他像一个清教徒；在信仰上，他是一个佛教徒；但在性格上，他则像一个基督徒。"在信中，他还义正词严地抨击了美国蹂躏华人的暴行，以及当时美国国会通过的迫害华人的条款。

尽管哥伦比亚大学勉强同意了接受丁龙的捐款，但一直反对以一个无名之辈的华工来命名汉学系。特别是清政府介入此事之后，哥伦比亚大学更加固执己见。

清政府听到丁龙捐款建立汉学系的消息后，慈禧太后捐赠了包括《钦定古今图书集成》在内的 5000 余册图书，价值约合 7000 美元；清朝总理大臣李鸿章和驻美使臣伍廷芳等人，也都有所捐助。于是，哥伦比亚大学提出了四个命名方案：一是以卡本蒂埃的名义命名，二是以刚刚访问过纽约的李鸿章命名，三是以伍廷芳的名义命名，四是以中国皇家的名义命名。

令人钦佩的是，卡本蒂埃毅然决然地拒绝了以自己名字命名的好意，坚持"汉学讲座教授"的荣誉必须用丁龙的名字，否则就撤回一切捐款。

在卡本蒂埃的一再坚持下，哥伦比亚大学终于妥协了，在 1901 年的毕业典礼上宣布：新建的哥伦比亚大学东亚系，以华工丁龙的名字命名，将聘请的教授称之为"丁龙汉学讲座教授"。从此，美国有了第一所伟大的汉学中心。

哥伦比亚大学副校长保罗对丁龙的贡献做出了极高的评价："丁龙不是一个学者，不是一个将军，不是一个重要的人物，仅仅是众多美国第一代华人移民中的一个。他捐出来的是钱，但更重要的是贡献了他的视野和理想。我们这个机构存在的意义，就是要在当今这个充满冲突与对抗的世界里，建立一种属于我们自己的理解和对话的方式。所以我们需要重新认识并嘉奖这样一种视野，同时重新认识并嘉奖这样的个人，肯定他的贡献，让世人知道并记住丁龙的名字。"

哥伦比亚大学东亚系不仅是全美最早的汉学中心，也是中国文化海外传播与研究的一块高地。胡适、冯友兰、徐志摩、宋子文、马寅初、陶行知、陈衡哲、潘光旦、闻一多等，都在这里留下了足迹；顾维钧、张学良、李宗仁等，也都在这里留下了珍贵的第一手的口述实录。

后来，美国其他大学相继建立的中文系和中国图书馆，基本都以哥伦比亚大学东亚系为蓝本。

哥伦比亚大学东亚系的存在与发扬光大，成了美国华工丁龙的一座巍峨、恒久的丰碑。

美国华工丁龙的丰碑，又一次验证了一个真理：精诚所至，金石为开。不管什么人，当你为祖国和人类的一个高尚的目标而竭尽全力时，整个世界都会联合起来帮助你。

言宜慢，心宜善

王吉是西汉时期的山东琅邪皋虞人，他年少好学，因通经明事而贤名远播。

公元前 77 年，王吉从云阳七品县令调到山东昌邑王刘贺（后来的海昏侯）府中担任五品中尉。这本是年轻得志、平步青云的升迁之喜，但他却忧心忡忡。因为刘贺是汉武帝的嫡孙，荒淫无度，喜怒无常，身边还聚集着一批溜须拍马的得势小人。他感到，对不愿随波逐流、同流合污的自己来说，在这样险恶的环境中为官，实在是凶多吉少。

一天，郁郁寡欢的王吉到太平酒楼借酒消愁时，将自己的苦恼说给了一位慈眉善目、博学多识的长者。长者听后微笑着说："我明白了，送你三个字，可以保你从此顺顺畅畅。"

王吉满脸疑惑："哪三个字？"

长者慢条斯理地说："言宜慢！"

王吉细细地品味，深有所悟。只有这样说话，才能深思熟虑，才能谨慎、稳重和冷静，才能让人听得舒服顺耳。

从那以后，王吉遵循长者教诲，勤于政务，三思而后言，在暗流涌动的昌邑王府中，居然平平安安，数次化险为夷。

公元前 73 年，既谨言慎行又勤勤恳恳的王吉被汉宣帝刘询任命为谏议大夫，专门评议政事、弹劾失职官员，成了位高权重的朝中重臣，门庭若市。

公元前67年,王吉回故乡琅邪省亲。他路过昌邑城时,恰巧又遇见了10年前在太平酒楼上赠言的那位老者。他忙跪拜道:"'言宜慢'三个字,让晚生受益匪浅。谢谢前辈教诲之恩!"

长者哈哈大笑,上前扶起王吉:"十年前,我送你三个字,保了你十年平安。今天,我再送你三个字。你若能遵从,可以保你一世无忧。"

王吉听后立即毕恭毕敬地问:"哪三个字?"

长者贴近王吉耳边,轻声地说:"心宜善。"随后,又叮嘱道:"爱人者,人恒爱之;敬人者,人恒敬之。与人为善,必有福报。以善待人,天下无敌。"

语声虽轻,王吉却心中一震,背上冷汗淋漓。他认真地反省了近年来的过失,越想越惭愧。担任谏议大夫以来,尽管自己还能勤政为民,但确有利用职权打击报复政敌之错误。比如,恶意弹劾政见不合的长史赵珞,使其罢官归乡,不久便郁郁而终……

从那以后,王吉痛改前非,像变了一个人似的。"言宜慢,心宜善",成了他的座右铭,他清正廉明,仁慈宽厚,凡事出以公心,客观公正地对待每个人、每件事。因此,他受到了普遍的拥戴,最终成为西汉的一代名臣。

后来,王吉将"言宜慢,心宜善"六个字立为王氏家规,要求所有家人务必听,务必信,务必行,代代相传。有传说,赠六字箴言的长者,就是汉武帝时的著名宰相、隐居于昌邑的公孙弘。

《二十四史》中明确记载:自东汉至明清的1700多年,在王吉的后人中,有36人被封为皇后,36人成为驸马,35人担任宰相。因此,琅琊王氏被誉为中国历史上最为显赫的家族,即中华第一望族;"言宜慢,心宜善"这六个字,也被誉为中华第一望族的家规。

"多一盎司定律"和"多一圈定律"

约翰·坦普尔顿是著名的投资专家,是美国《纽约时报》评出的全球十大顶尖基金经理人之一。他通过大量的观察研究,提出了一条见微知著的定律——"多一盎司定律"。

约翰·坦普尔顿解释说,取得中等成就的人,与取得突出成就的人,他们几乎做了同样多的工作,所付出努力的差别很小,小到可以用"一盎司"来形容,但所取得的成就却常有天壤之别。也就是说,只要数年如一日地坚持比常人多付出一点努力,就会收获超常的成果。

显然,在"多一盎司定律"里,约翰·坦普尔顿是在用一盎司来代表微不足道的付出和努力。因为盎司是英美的质量单位,一盎司只相当于28.35克。

马歇尔·多普顿是著名的管理大师。他在欧洲考察的时候,也提出了一条见微知著的定律——"多一圈定律"。

马歇尔·多普顿解释说,为了找到德国生产的汽车普遍比法国生产的汽车受欢迎之原因,他在深入工厂一线调查研究时发现了德国人和法国人在拧螺丝这道工序上的差别:德国人会比规定的标准多拧一圈,而法国人出于浪漫的天性,却往往是少拧一圈。尽管拧螺丝是细小的生产环节,但由于每辆汽车都要拧许多螺丝,多拧一圈和少拧一圈的不断积累,最终就体现为汽车质量的差异了。

可以说,"多一盎司定律"和"多一圈定律"是殊途同归,因为它们用不同的发现说明了同一个道理:出类拔萃者的成就往往都有一个微不足道的开始,但这看似微不足道的努力和付出的长久积累,恰恰是取得超出寻常成就的重要原因。

高考落榜生的"一招鲜"

冯三峰是河南省虞城县城关镇人。1990年8月,他高考落榜后,跟着几个老乡在河南、山东和安徽等地打工。由于没有一技之长,他吃了不少苦,却没赚到多少钱。

1999年的一天,冯三峰从收音机里听到了合肥市一家厨师学校的招生广告,便动身去学厨艺。厨艺分两种:红案和白案。红案就是做菜,容易成为拿高薪的大厨;白案就是做面食,做早餐的面点,似乎没有大出息。当时报名学红案的人多,冯三峰则听从招生老师的建议,学了白案。

冯三峰比别人肯钻研,肯付辛苦,仅仅学了一年半,就能把手中的面团玩得非同一般。他能把面条拉得细到可以在一根针眼里穿过15根,甚至20根,能双手左右开弓同时擀12张饺子皮,还能做全面宴。老师对他寄予厚望:"你将来一定会在白案上大有作为。"

冯三峰学成后回到河南,辗转几个城市,做了几年的白案厨师,可一直不顺利,在几家饭店都没干长。因为人家都觉得他太"挑剔",比如对面粉的产地、用什么配料、用什么锅等,他的要求都很严。

2003年7月,冯三峰在合肥市一家大饭店当面点厨师,听说附近的一家建筑公司在阿联酋承接了建筑工程,需要招聘两名白案厨师去阿联酋工作,年薪不低于6万元人民币。他动了心:"在国内没人赏识我,那就到外国去闯一闯。"于是，他报了名，并被选中。

2003年12月底，冯三峰和另一位白案厨师到了阿联酋的第二大城市迪拜，负责一个发电站建筑工地上中国员工的早餐。他变着法子做面食，尽量让中国员工吃好。当时，有几位外国工程师经常在工地上就餐，非常喜欢吃他做的面食。一位名叫阿姆阿罕的技术员，还跟他成了好朋友。

有一天，阿姆阿罕对冯三峰说："我哥哥在迪拜开了几家饭店，想请你去指导。"他经领导同意后，隔三岔五地去那几家饭店做些面食。每去一次，人家都会付给他35美元的报酬。他没有想到，尽管阿联酋以面食为主，但千百年来只会烙像脸盆一样的大饼，根本不会做面条、饺子、花卷等。他在那几家饭店露了几手后，立刻在当地引起了轰动。那几家饭店火了，很多人争先恐后地去吃他做的面食。

2004年3月的一天，冯三峰正在工作时，一个阿联酋男人在他身后观察了两个多小时，品尝了他的面食之后说："我叫穆罕默德，是伯瓷酒店总管的助手。我想请你去伯瓷酒店工作，专做中国面点，可以给你4000美元的月薪，不知道你有没有兴趣？"

冯三峰知道，伯瓷酒店也叫帆船酒店，是世界唯一的七星级酒店，那里的客人都是世界各国的王室成员、政要、富豪以及体育和娱乐界的顶级人物。酒店给的工资，按当时的汇率换算成人民币，相当于年薪40万元人民币。他动心了，与建筑队协商后，成了伯瓷酒店的面点师。

冯三峰在伯瓷酒店工作一个月后，入住伯瓷酒店的俄罗斯首富、石油大王罗曼·阿布拉莫维奇吃了他做的素心元宵，非常钦佩，竟然提出要见见这位面点师。于是，有了他们在25楼的皇家套房的亲切会见。

2004年8月的一天，冯三峰已经休息了，却忽然接到酒店通知，立即做一碗正宗的中国家常饭——面鱼。一个小时后，客人吃完了面鱼，要求见见面点师。见了面他才知道,这位客人是华裔丹麦王妃文雅丽。她夸奖面鱼做得正宗,并当场给了1000英镑小费。冯三峰很吃惊,心想:"一碗面鱼才能值多少钱,怎么会给这么多小费啊?"文雅丽看出了他的疑惑,便动情地解释说:"今天是我妈妈的忌日,我非常想念妈妈。小时候,妈妈经常给我做面鱼吃。没想到,我在中东也能吃到一个中国人做的正宗面鱼。亲情无价,非常感谢你让我用这种特殊的方式纪念妈妈……"说着,她竟然流下了眼泪。

2004年底,足球明星贝克汉姆路过伯瓷酒店,吃了冯三峰做的中国饺子,然后竖起大拇指对他说:"好!吃你的饺子真是一种享受,好极了!"半个月之后,贝克汉姆竟从英国带来十几位朋友,专门来吃冯三峰的中国面食。

2005年初,冯三峰被评为"伯瓷酒店的首席面点师",月薪涨到了6000美元。每个月他都能收到四五千美金的小费,再加上工资,月收入就达到了1万美元以上。按当时的汇率换算成人民币,月收入相当于8万元!收入的增加意味着担子更重,他更加自觉、刻苦、努力地钻研白案技艺。

2005年4月的一天,泰国前总理他信带着妻子入住伯瓷酒店。他信夫人吃完冯三峰做的饺子后赞不绝口,提出要向冯三峰学做饺子。结果,冯三峰用了两个多小时才好不容易教会他信夫人包了几个歪歪扭扭的饺子。他信非常高兴,随手就给了一笔不菲的小费。

2006年1月的一天,美军驻海湾地区前总司令施瓦茨科普夫与夫人入住伯瓷酒店。他们提出要吃冯三峰做的兰州拉面,并要求亲眼看他怎样做拉面。于是,冯三峰当着他们夫妇的面,做起了拿手的牛肉拉面。施瓦茨科普夫觉得很有趣,一边学做拉面一边对冯三峰说:"我是军人,知道你们中国古代军事家孙武曾说过,'伤其十指,不如断其一指'。在你身上,我可不可以这样理解:学会十门技术,不如学精一门技术?"冯三峰谦虚地点点头,心里美滋滋的。

有一次,酒店安排冯三峰给美国好莱坞著名导演斯皮尔伯格表演拉面绝活。斯皮尔伯格一边看一边赞叹:"太棒了!太棒了!"随后,高高兴兴地给了他5000美元小费。他觉得不应该收这么多的小费,斯皮尔伯格解释说:"你们中国演艺界有句话:'台上一分钟,台下十年功。'虽然你只是拉了一把面条,但我看到了你平时的努力。"斯皮尔伯格还对他说:"以后有机会,请到好莱坞表演绝活。"

2006年9月,美国前国务卿赖斯入住伯瓷酒店。她听说冯三峰能将面条拉到从一根针眼里穿过15根,很是怀疑。于是,她请冯三峰现场表演。当冯三峰把面条拉到一根针眼可以穿过20根面条之后,所有观看的人都目瞪口呆。接下来,按照大家的要求,他将拉面下到锅里,再放上几根青菜,煮熟。万万没想到的是,这些拉面竟然在当天达官贵人参加的派对舞会上被竞卖到了1000美金一碗!所有吃到那种面的人,都说那是他们吃过的最香的面,简直就是"神面"。结果,冯三峰不仅得到了赖斯1万美金的天价小费,而且荣获了一个外号——"神面师傅"。

……

早已身怀绝技、功成名就的冯三峰,经常用自己的经历激励朋友:"一招鲜,吃遍天。只要拥有某一特长,就可到处谋生。"

不错,有了可以帮助别人的"一招鲜",特别是有了可以帮助别人的绝活,就等于有了精彩人生的通行证。

"穷人饭堂"的"穷人英雄"

陈灼明小时候,家里很困难,他13岁时,父亲就不幸过世;母亲做搬运工,每月只能挣30来元。他是6个弟妹的大哥,小小年纪就开始帮母亲赚钱。他捉小鱼卖给养猫的人家,捡禾秆晒干卖给饭堂当柴烧……尽管忙活一天只能赚一角多钱,他却非常兴奋。他用自己赚来的钱带着弟弟妹妹去小饭店"开荤":每人买一碗两分钱的白粥,喝得有滋有味。

17岁时,陈灼明为了能吃饱饭,到一家饭店打工。他月薪24元,不包伙食,每天工作十几个小时,整整干了10年。

1979年,为了生计,27岁的陈灼明从内地到了香港,投奔了住在"贫困区"——深水埗的亲戚。他依然当厨师,在一家饭店打拼。后来,"北河烧腊饭店"的老板看他厨艺不错,为人又老实,就高薪把他挖去当主厨。辛苦操劳多年之后,他熬成了老板。

当了老板之后的陈灼明有了自主权,也有了一定的实力。于是,他决心抓紧实现小时候的梦想:让更多的人吃饱饭。在他看来,一顿饭的价值不仅能填饱肚子,而且能给人尊严,甚至能改变一个穷人的一生。于是,他卖起了低价饭菜,让穷人花22元港币就能饱餐一顿:米饭管够,还有可口的三菜一汤。

多年来,香港的物价节节攀升,随便吃一碗面都要几十元,但陈灼明的低价饭菜却20年来从未加价，而且菜品依然多种多样：烧鸭、烧猪、白斩鸡、炸猪排，甚至有咖喱蟹和清蒸斑腩。

因为陈灼明的饭菜实惠，味道也好，深水埗的老街坊都爱到他那里买饭。每到饭时，十几样菜品用大盆一字排开，任顾客自选。香气扑鼻，饭店门前马上排起了长队。无论是白发苍苍的老者，还是衣着破旧的流浪汉，甚至是吸过毒的、坐过牢的、断手断脚的……他都一视同仁，热情款待。遇上拿不出22元的客人，他总是大手一挥，说："没事，我请你吃啦！"天长日久，饭店周边的底层市民都把他的"北河烧腊店"叫作"良心饭堂"或"穷人饭堂"，把他则叫作"明哥"或"穷人英雄"。

从2008年开始，陈灼明的饭店推出了"免费餐券"，即每月有500名基层市民，可以凭着此券到饭店饱餐一顿。除此之外，他还亲自推着小车，辗转各个天桥下，给露宿者送饭。

从2011年开始，每周六晚6点，陈灼明和志愿者们都会守在饭店门口，摆上热腾腾的饭菜，请无家可归的流浪者享用。很快，一个公益组织找到了他，每周六都订80盒爱心便当。

2015年3月，陈灼明接到了一个坏消息：分店的房东要加25%的租金。这一年5万的租金，他实在交不起，无奈之下被迫停业。一位好心的商户听说此事后，为支持他继续做善事，主动让出自己的铺位，低价出租给他开店。

于是，陈灼明开了新店——"北河同行"。开业的第一天，他做了200个海鲜盒饭送给周围的街坊。"香港四大才子"之一的"食神"蔡澜，闻讯特意赶去题了字，作为新店的招牌。

由于媒体竞相报道陈灼明的爱心事迹，加上口口相传，其名气越来越大，向他学习的人也越来越多，就连时任香港特区政府政务司司长林郑月娥也在媒体上向他致敬；腾讯公司控股董事会主席兼首席执行官马化腾曾特意同他一起去给孤独老人送饭；著名演员、导演洪金宝经常带着老婆和女儿到他的饭店吃饭，还捐赠了1万元；有位不愿留姓名的人，花两万元为穷人买了上千张"免费餐券"；有的小学生在妈妈的陪同下，用自己辛苦攒下的零花钱为孤独老人购买爱心便当；不少青年到他的饭店做义工，并用节省的零花钱给孤独老人买爱心便当；有个吸过毒的流浪者，改过自新后给他捐了500元。现在，已经有200位志愿者加入了他的队伍，齐心协力地为露宿者和独居老人送去饭菜。

2013年，陈灼明被评为香港"十大正能量人物"之首，排名在刘德华之前；2016年，又被列为香港"无名英雄"的候选人。

有记者问："明哥，你这样能赚钱吗？不赔本就很不错了吧！"他回答："我不是做生意，而是开饭堂。"有记者问："您送爱心便当已经8年了，还能坚持多长时间呢？"他回答："我想自己会做到走不动的时候，才停下。"

追求一流

一流者有能力没脾气，二流者有能力有脾气，三流者没能力有脾气。
一流者视工作为享受，二流者视工作为事业，三流者视工作为谋生。
一流者做事有使命感，二流者做事有成就感，三流者做事有参与感。
一流者寻找问题，二流者面对问题，三流者躲避问题。
一流者创造机会，二流者寻找机会，三流者等待机会。
一流者主动创新，二流者被动创新，三流者拒绝创新。
一流者改变环境，二流者适应环境，三流者抱怨环境。
一流者用一流人才，二流者用二流人才，三流者用三流人才。
一流者传授境界，二流者传授方法，三流者传授知识。
一流者人帮人，二流者人比人，三流者人整人。
一流者重奉献，二流者重交换，三流者重索取。
一流者化妆生命，二流者化妆精神，三流者化妆脸蛋。
一流者没时间也能挤时间坚持锻炼，二流者有时间才能坚持锻炼，三流者躺在病床上才后悔没能坚持锻炼。

"取法乎上，仅得其中；取法乎中，仅得其下；取法乎下，一无所得。"一个人如果制定了较高的目标，最后有可能只达到中等水平；如果制定了中等的目标，最后有可能只达到低等水平；如果制定了很低的目标，最后有可能什么也得不到。

高尔基说:"一个人追求的目标越高,他的才能就发展得越快,对社会就越有益。我确信这也是一个真理。"

无论是做人还是处世,只有志存高远,追求一流者,坚持用一流者的标准要求自己,努力向一流者看齐,才有可能成为一流者。

胡雪岩打伞与俞敏洪打水

晚清政治家、红顶徽商胡雪岩多次讲过自己的一件小事——为别人打伞。

那是初春的一天上午,胡雪岩接待了一个称有要事求见的商人。原来,这个满脸焦急的商人在最近的一次生意中栽了跟头,急需一大笔周转资金。为了救急,商人情愿拿出自己的全部产业,以非常低的价格转让给胡雪岩。

胡雪岩听后,请商人先回去,第二天再来听消息。随后,他立刻吩咐手下去详细了解此商人的处境。手下很快就回来报告:"商人的所言属实。"

第二天,胡雪岩不仅答应了商人的请求,还按市场价购买了对方的产业。商人惊愕不已,不明白胡雪岩为什么连到手的便宜都不占,竟然用远远高于转让价的市场价来购买。

胡雪岩看出了商人的疑惑,说:"你放心,等你渡过难关后,随时可以赎回这些产业,只要付些微薄的利息就可以了。"商人感激不已,二话不说,签完协议后含泪离去。

商人一走,胡雪岩的手下便问:"为什么到嘴的肥肉不吃,还主动多付银子?"

胡雪岩说:"我年轻时是个小伙计,东家常常让我拿着账单四处催账。有一天,赶路时我遇上大雨,看到同路的一个陌生人被雨淋湿。那天我恰好带了伞,便帮人家打伞。后来,下雨的时候,我就常常帮一些陌生人打打伞。时间一长,那条路上的很多人都认识我。有时候,我自己忘了带伞也不用怕,因为会有很多我帮过的人为我打伞。"

接下来,胡雪岩解释说:"你肯为别人打伞,别人才愿意为你打伞。那个商人的产业可能是几辈人积攒下来的,我要是以他开出的价格来买,当然很占便宜,但人家可能就一辈子翻不了身。我这样做,不是单纯的投资,更是救了一家人,既交了朋友,又对得起良心。谁都有雨天没伞的时候,能帮人遮点雨就遮点吧。"

后来,商人时来运转,赎回了自己的产业,也成了胡雪岩忠实的合作伙伴。

从那之后,越来越多的人知道了胡雪岩的义举。官绅百姓,都对有情有义的胡雪岩敬佩不已。胡雪岩的生意也好得出奇,无论经营哪个行业,总会有越来越多的人帮忙和捧场。

新东方董事长兼总裁俞敏洪多次讲过自己的一件小事——为同学打水。

俞敏洪说,到北大上学之后,就养成了一个良好的习惯,每天为宿舍打扫卫生,这一打扫就打扫了四年。所以,他们宿舍从来没排过卫生值日表。另外,他每天都拎着宿舍的水壶去给同学打水,把它当作一种体育锻炼。大家看他打水逐渐习惯了,习以为常了,最后竟产生这样一种情况,有的时候他忘了打水,同学们就会说:"俞敏洪怎么还不去打水?"但是,他并不觉得打水是一件多么吃亏的事情,因为大家是朝夕相处的同学,互相帮助是理所当然的事情。也许大家认为,他这件事情白做了。

又过了10年,到了1995年底,新东方做到了一定规模。俞敏洪渴望找到理想的合作伙伴,于是就跑到了美国和加拿大去寻找北大的那些同学。为了诱惑他们回来,他带了大把的美元,每天在美国非常大方地花钱,目的是想让那些同学知道,在中国也能赚大钱。他想,这样准能吸引他们回来。

后来,他们果断决定回国时,却给了俞敏洪一个十分意外的理由。他们说:"我们回去,是冲着你过去为我们打了4年的水。我们知道,你有这样的一种精神:你有饭吃,肯定不会给我们粥喝。所以让我们一起回中国,共同干新东方吧!"于是,便有了今天的新东方。

助人者人皆助之,爱人者人皆爱之。人格的魅力,才是人生的最大宝藏。

阅读就是未来

书籍是人类知识和文化的载体，是人类智慧的结晶。读书是人们获取知识和信息的重要手段，是吸取精神能量的重要途径。当今的世界，早已进入了"阅读型社会"，即"学习型社会"。

1972年，联合国教科文组织向全世界发出了"走向阅读型社会"的号召，号召人人读书，使读书成为人们日常生活中不可或缺的习惯。

1995年11月15日，联合国教科文组织作出决议，将每年的4月23日定为"世界图书和版权日"，也译为"世界读书日"或"世界书香日"。其主旨是希望人们享受阅读的乐趣，感谢和尊重为人类文明做出了伟大贡献的人。现在，"读书日"已遍布世界各国，成了人类文明的新景观。

2010年，日本管理专家大前研一在《低智商社会》一书中说，他在中国旅行时发现，城市遍街都是按摩店，而书店却寥寥无几。中国人均每天读书不足15分钟，人均阅读量只有日本的几十分之一。中国是典型的"低智商国家"，未来毫无希望成为发达国家！他的话也许是恶意中伤，但却值得警惕。

2013年，旅居上海的印度工程师孟莎美在《不阅读的中国人》一文中说，他在德国至上海的长途飞行中看到，玩iPad的基本是中国人，或玩游戏，或看电影，很少看书。他在法兰克福机场候机时看到，中国乘客只有少数人在看书，大多数人在商店里穿梭购物，比对价格，大声谈笑，打电话也是大声交谈，缺少安宁。他的话也许是一孔之见，但却值得反思。

2016年4月18日，中国新闻出版研究院在京公布了第十三次全国国民阅读调查数据：2015年我国国民人均纸质图书阅读量为4.58本，电子书阅读量为3.26本。成年国民人均纸质图书和电子书合计阅读量为7.84本，较2014年纸质图书和电子书合计阅读量7.78上升了0.06本。未成年人的人均图书阅读量为7.19本，较2014年减少了1.26本。而纸质报纸和期刊阅读量与2014年相比，均有不同程度的下降。超四成的成年国民认为自己的阅读数量较少，近七成的成年国民希望当地有关部门举办阅读活动。

尽管我国的读书状况在持续好转，但与先进国家相比还不够理想。即使用我国2016年4月18日公布的国民阅读数据，同几年前的先进国家相比，也仍有不小的差距。

2012年，联合国教科文组织的一项调查显示：全世界每年人均阅读量排名第一的是犹太人，为64本。此外，俄罗斯人为55本，德国人为47本，日本人为45本，奥地利人为43本，法国人为20本，韩国人为11本，美国人为9本……

显然，目前我国国民的人均阅读量较低，已是国内外的共识。我国成年国民人均7.84本的阅读量，这与文明古国和礼仪之邦的地位极不相称，与实现民族复兴的中国梦也极不相称，这一现状必须进一步改变。

党的十八大第一次从战略高度做出了"开展全民阅读活动"的部署，将其作为推进社会主义文化强国建设的重要举措。这对于改变我国的读书现状，对于实现民族复兴的中国梦，都具有重大的意义。

因为，阅读就是力量。一个人阅读的数量和质量，决定其学习力、思考力和实践力;一个民族阅读的数量和质量,决定其文化力、精神力和创造力。

因为,阅读就是武器。美国阅读研究专家崔利斯有句名言:"阅读是消灭无知、贫穷与绝望的终极武器。"

因为,阅读就是未来。一个人的精神发育史就是他的阅读史,一个民族的精神境界取决于这个民族的阅读水平;一个不读书的人是没有前途的,一个不读书的民族也是没有前途的。

从目不识丁到博学多才

清代咸丰年间有个武官叫张曜,自幼失学,没有文化,但因战功卓著,被提拔为河南布政使,相当于省一级的行政长官。

高升的张曜,受到一些朝臣的嫉妒与歧视。特别是御使刘毓楠,经常嘲笑他"目不识丁"。因此,朝廷改任他为总兵,相当于省军区司令。他尝到了没文化的苦头,立志要好好读书,做个能文能武之人。

张曜想到自己的妻子很有文化,便请妻子教他念书。妻子说:"可以教,也愿意教。不过要有一个条件,就是要行拜师之礼,恭恭敬敬地学。"他满口应承,马上穿起朝服,请妻子坐在孔子的牌位前,对她行三拜九叩之礼。从此以后,凡有闲暇时间,都由妻子教他读经史。每当妻子拿出老师的架势,他都躬身肃立听训。他还特意请人刻了一方"目不识丁"的印章,经常佩在身上以自警。经过几年的刻苦学习,他终于成了一个很有学问的人。

后来,张曜出任主管一省军政、民政的山东巡抚时,又有人参他"目不识丁"。他没有辩解,而是上书皇上,请求面试。面试的结果,皇上大加赞赏,称其"博学多才",众多文臣也心悦诚服。

张曜在山东巡抚任上,筑河堤,修道路,开厂局,精制造,做了不少利国利民之事。他还带头植树造林,在黄河大坝和从洛口到市中心的路旁遍植柳树,形成了一道柳树风景带,当地人称这些柳树叫"张公柳"。

1891年7月,张曜在黄河上监工,忽然"疽发于背"。他被护送回济南时病情已经十分严重,不久便不治身亡。病危之际,他致书李鸿章,陈述山东为北洋门户,应速添建炮台以防不测。

张曜死后,皇上因他勤奋好学而追谥其为"勤果";济南人民为感念他的恩德,尊其为黄河"大王",并在大明湖边为他修建祠堂,永久纪念。时至今日,济南大明湖游览区内的张公祠依然存在。

坚持的力量

2016年11月13日,在中国(义乌)丝绸之路经济带城市国际论坛的欢迎晚宴上,郑渊洁脱稿演讲时讲了一个瘸腿冠军鸽的故事。

郑渊洁和郑毅洁兄弟俩喜欢养信鸽,并经常参加信鸽比赛。他们兄弟有一个很漂亮的鸽舍——闪电鸽舍。据不完全统计,在他们培养出的闪电信鸽家族中,至少已经飞出了120多个全国比赛冠军,每年能为他们赢得不菲的奖金。令人称奇的是:2016年10月2日北京举办了一次300公里信鸽竞翔大赛,有近3000只信鸽参赛,而他们名下的7只信鸽竟然包揽了此次竞翔大赛的前7名。

在过去20多年的众多获奖信鸽中,郑氏兄弟的"瘸腿冠军鸽"格外引人注目,发人深省。

瘸腿冠军鸽,本是郑氏兄弟决心放弃的一只残疾信鸽。大家知道,飞机在起飞后为了减少阻力,保证速度,要将起落架收回到机身里;各种鸟在飞行时,也都将腿收回到腹下。可是,这只瘸鸽因一只腿残疾而不能收回到腹下,只能悬吊,因此无法飞出直线。不少朋友建议:你们的闪电鸽舍名声显赫,有这样一只瘸鸽,太影响形象,干脆放弃它吧。他们也认同,瘸腿信鸽确实已经没有参赛的任何价值。

郑氏兄弟舍不得吃掉瘸腿信鸽,于是选择了一种温情的放弃办法:送它参加1000公里的超长距离竞翔大赛。众所周知,参加如此长距离竞翔大赛的信鸽，不用说拿到名次难上加难，就是能归巢的也是凤毛麟角。令人难以置信的是：这只瘸鸽不仅平安地飞回来了，而且还赢得了冠军！

尽管郑氏兄弟一直想不明白瘸腿信鸽到底是怎么飞回来的，但却心悦诚服。瘸腿信鸽已经用实力向世界证明：它是一只优秀的瘸腿冠军鸽。2006年4月30日，他们还带着这只宠爱有加的瘸鸽做客中央电视台的《百科探秘》节目。

以写童话故事而闻名的郑渊洁讲完了"瘸腿冠军鸽"的故事，不禁感慨道："这简直是个在童话里都不敢这么写的故事。一只瘸鸽都能如此励志，我们还有什么理由不努力呢？"

其实，郑渊洁也曾是一只标准的"瘸鸽"。当年，他是只有小学4年级文化基础的工人，但依然梦想长距离的飞翔，并飞出第一的好成绩。于是，他选择了写作。1985年5月，只刊登他一个人作品的《童话大王》杂志创刊。他和出版者事先约定：按版税比例分割利益。

日复一日，年复一年，郑渊洁不停地写、不停地写。2008年10月27日，联合国世界知识产权组织授予郑渊洁"国际版权创意金奖"，奖励他原创了近两千万字的文学作品。2008年12月5日，时任国家主席的胡锦涛向郑渊洁颁发了"中华慈善楷模奖"。2012年，郑渊洁以2600万元的年度版税收入荣登"第七届中国作家富豪榜"之榜首。

如今，郑渊洁这只标准瘸鸽，早已成了令人刮目相看的"瘸腿冠军鸽"。他独自一个人已经将《童话大王》月刊写了32年，印数超过两亿册，早已成了家喻户晓、人人皆知的童话大王。

逼出来的奇迹
∨

乌龟给人留下的普遍印象是慢吞吞的,爬行的速度非常缓慢。或许是因为它身上背着沉重的龟壳,想快也难吧。但最近的一个视频,足以彻底颠覆人们的传统观念。视频是这样的:

有人将一个乌龟放在了跑步机上。起初乌龟的爬行速度相当缓慢,但随着跑步机逐渐加速,乌龟便不断地调整出适应跑步机的速度。跑步机的速度越快,乌龟的步伐也越快,最后竟然出现了"龟界飞毛腿"的速度。那乌龟奔跑的英姿,简直如同猎豹一般。

这不禁让我想到了在《吉尼斯世界纪录大全2016》中,那只叫博尔特的乌龟。它之所以榜上有名,是因为它凭借15.59秒跑出了18英尺(约5.48米)的成绩,创下了每秒0.28米的惊"龟"纪录。这速度,理所当然地成为最新的世界吉尼斯纪录,它也因而被誉为"龟界博尔特"。

"龟界博尔特"之前的纪录保持者,是一个名叫查理的乌龟,曾以每小时0.27英里的速度赢得了冠军。"龟界博尔特"的成绩则是每小时0.62英里,其时速是乌龟查理的2.3倍。

"龟界博尔特"的主人是马尔科和珍妮·卡尔齐尼。他们最初注意到了博尔特的出众才华,并尝试让它挑战世界吉尼斯纪录。结果他们发现,博尔特每次爬行的速度都比查理快得多。他们还发现,博尔特有一个小癖好,就是喜欢在比赛前吃草莓。

科学家解释说，乌龟的最快速度比人们平时看到的要快得多。因为乌龟是杂食性动物，不必靠速度捕猎；因为乌龟有厚重的龟壳保护着它们，一般也不会成为别人的猎物，所以它们平时不需要行动得太快。不过，当它们在受到威胁时，其速度则会让人感到吃惊。这可谓狗急跳墙，龟急飞奔。

其实，人同"龟界飞毛腿"与"龟界博尔特"有相似之处。人的潜力也可以被逼出来，或者说压力可以变成动力。如果不狠逼自己一把，就永远不会知道自己的潜力究竟有多大。

姚明的两笔账

请先看姚明的主要赚钱账：

2003 年，赚到 1.2 亿元。

2004 年和 2005 年，均赚到 1.5 亿元。

2008 年，赚到 3.87 亿元。

2010 年，赚到 2.5 亿元。

2011 年，赚到 2.2 亿元。

……

9 年间，姚明共赚到 20 多亿元，是一部风光无限的明星史。

请再看姚明的主要受伤账：

2003 年 3 月 27 日，下巴撞到福克斯头部，暂时性双耳失聪。

2003 年 7 月 22 日，左眉骨不慎被撞破，缝了 8 针。

2004 年 7 月 4 日，摘除两片脚趾甲。

2005 年 1 月 31 日，手臂上留下了一条长约 10 厘米的伤疤。

2005 年 6 月 17 日，接受了左脚踝骨刺剔除手术。

2005 年 9 月 14 日，下巴缝了 4 针，次日又补缝 2 针。

2005 年 12 月 7 日，被对方中锋斯卡拉布·赖恩一肘击中眉骨，缝了 9 针。

2005 年 12 月 16 日，被对方中锋福特森踩踏，导致左脚大脚趾趾甲脱落。

2006年4月11日，左脚小脚趾骨折，不得不手术，被植入一根钢钉。

2006年10月10日，接受左脚大脚趾趾甲摘除手术。

2008年2月27日，左脚踝应力性骨折。

2008年3月4日，在休斯敦接受手术，修复应力性骨折。

2008年11月27日，被对手打破右眼眉骨，缝了4针。

2009年2月26日，眉骨被撞裂，血流满面。

2009年5月10日，左脚骨裂。

2009年7月22日，接受骨裂修复手术

2010年11月11日，左脚踝应力性骨折。

2011年1月7日，接受左脚踝骨折手术，康复时间需要10个月。

……

9年间，姚明从头到脚共经历了30多次手术，堪称是一部鲜血淋漓的伤痛史。

从姚明的两笔账，想到了冰心的一首小诗："成功的花，人们只惊羡她现时的明艳！然而当初她的芽儿，浸透了奋斗的泪泉，洒遍了牺牲的血雨。"

伏尔泰说得对："不经巨大的困难，不会有伟大的事业。"

让你的梦想落地

1970年1月13日,珊达·瑞姆斯出生在美国伊利诺伊州的芝加哥。她的父母都在南加州大学工作:母亲是博士生导师,父亲是一位首席信息官。

高中毕业后,珊达·瑞姆斯进入了达特茅斯学院就读,并在那里获得了学士学位。在此期间,她几乎将所有的闲暇时间都用在了研究小说、导演和戏剧表演上。

大学毕业后,珊达·瑞姆斯到了旧金山。一天,她偶然看到一篇新闻报道说:"考入南加州大学的电影学院比考入哈佛大学的法学院还要难。"她渴望挑战自我,抓住了这次机会,并且顺利地考取南加州大学的电影学院,潜心学习电影电视专业。她是班里的学霸,曾获得著名的加里·罗森伯格写作奖学金,很顺利地获得了艺术硕士学位。

但是,珊达·瑞姆斯的就业并不顺利。美国的编剧是高收入职业,每年有那么多毕业生,真正能成为职业编剧的寥寥无几。她向ABC电视台毛遂自荐,结果被毫不留情地拒绝了。她好不容易得到了一个实习生职位,但写的第一部处女作——《公主日记2》,却成了人生第一个滑铁卢。然而,面对如潮的恶评,她不服输地说:"我不是为失败而出生的。"

珊达·瑞姆斯总结了惨败的教训,继续在"编剧女王"的道路上狂奔。从2005年起,她写出了一个又一个热播剧,代表作是《实习医生格蕾》《丑闻》《私人诊所》和《逍遥法外》。她担任编剧和制作的剧目，几乎无一失手，不仅收视率高，口碑棒，而且特别能赚钱。她包揽了ABC电视台星期四的时间，该日一部接一部地热播她的剧。她的剧成了全美收视冠军，并且经久不衰。就连总统夫妇每天都追着看她的剧，还试图让她剧透一下。

有人对珊达·瑞姆斯说："你太幸运了！"她却说："我每天工作超过10个小时，你称这为幸运吗？没有努力，能有幸运吗？"有人对她说："电视台对您太信任了！"她却说："可我帮电视台赚到了3亿美金啊！几乎每10天，我就要负责给观众带来十几小时的节目。"

有了收视率和口碑的保证，珊达·瑞姆斯终于成了当之无愧的"编剧女王"——美剧圈里最霸气的女人。她的剧本，捧红了无数演员，想怎么写就怎么写。《实习医生格蕾》中的男主角德里克耍大牌，不尊重剧本，还自以为是地乱改台词。对此，她很不满意。于是，她在剧中写了一场车祸，立刻让男主角死于车祸。因此，有人戏说，她不仅是女王，而且是暴君，掌握着角色们的生杀大权。尽管如此，无数俊男美女依然争先恐后、千方百计地要演她的剧。

2001年，31岁的珊达·瑞姆斯事业已经相当成功，但情感上却一直没遇见自己的另一半。于是有人开始对她指指点点，甚至催婚。谁也没有想到，32岁的她不顾反对和争议，于2002年领养了第一个女儿哈珀，直接当了妈妈；42岁的她于2012年领养了第二个女儿艾默生；43岁的她于2013年又领养了第三个女儿贝克特。不少人认为，她工作繁忙，不可能是好母亲。事实是，她给了孩子们最好的教育和生活，还经常带她们参加活动开阔眼界。

珊达·瑞姆斯于2007年5月入选《时代》杂志评选的"帮助塑造世界的100人之一"，2014年荣获第66届美国导演工会多元性艺术成就奖。她还荣获了一个又一个美国电视界的最高奖——艾美奖。

如今，珊达·瑞姆斯已经47岁了，尽管体重接近200斤，没有美貌和好身材，但却拥有无数的崇拜者，经常会登上各种时尚杂志的封面。她曾一年减肥90斤，但还是想告诉朋友们："无论是胖还是瘦，只要自己喜欢，都可以理直气壮。不管你是什么体型，都可以很美丽。"她对自己的人生信心满满："我从来不是别人口中的美女，但我很成功。"

珊达·瑞姆斯靠自己的打拼，从最初的实习生，发展成编剧界一姐、金牌制作人、领养三个孩子的单身妈妈，发展成美国非洲裔的领袖人物。她常用自己的经历告诉朋友们："想要成功，不要做梦想者，而要做行动派。不要成为规则的奴隶，而要成为制定规则的那个人。当你足够优秀，一切指手画脚的硬性规则，都不再能左右你的人生。人人都说'锦上添花'好，但当你自己成为精彩的锦，或许就不会在乎有没有人再来为你'锦上添花'了。"

请记住珊达·瑞姆斯2014年在达特茅斯学院演讲中的一句话吧："让你的梦想落地，做个行动者，而不是梦想家！"

写了100遍的信念

2017年4月4日,英国《每日电讯报》报道了一则引人注目的新闻:美国世界顶级名校斯坦福大学录取了一名学生,因为他把一句话重复写了100遍。这名学生叫齐亚德·艾哈迈德,是住在美国新泽西州的一位孟加拉裔的18岁黑人男孩。

今年,斯坦福大学的入学题目是:"你在乎什么?为什么?"艾哈迈德在回答这个问题时写道:"黑人的生命也重要。"他将自己的这个回答,工工整整地重复写了100遍。

在录取通知书上,斯坦福大学毫不吝啬地赞美艾哈迈德:"每个人都会被你的坚定信念所折服。你给斯坦福大学带来了无可匹配的价值。"

众所周知,在去年世界最具影响力的泰晤士高等教育学院的排名中,斯坦福大学名列世界第三,本科生的录取率仅为1/20。由此可见,被斯坦福大学录取是很困难、很幸运的事情。正因如此,艾哈迈德在接受媒体采访时说:"当我看到自己的录取通知书时非常震惊,根本没有想到会被斯坦福大学录取。不过,斯坦福大学把我重复写了100遍的信念视为是无可匹配的价值,确实令人耳目一新。"他还说:"在以前的几个世纪里,已经被明确或含蓄地告知:黑人的生命是不重要的。直截了当地说,长久以来,黑人的生命一直在受到歧视、威胁,甚至践踏。面对这样的一个社会,我们有责任喊出黑人的生命同白人一样重要。我们必须通过语言、观点和行动,争取黑人享有同白人一样的权利。"

当然,艾哈迈德是一个非常优秀的青年。从他的简历中可以看到:他在前总统奥巴马执政期间,曾受邀到白宫,并在大会上做了演讲;他曾参与为希拉里·克林顿的总统竞选工作;他已经成立了一个营销咨询公司;他还倡导建立了一个宽容组织……正因为如此,他不仅被斯坦福大学录取了,而且同时被美国的世界名校耶鲁大学和普林斯顿大学录取了。

有一点是确定无疑的,斯坦福大学之所以录取齐亚德·艾哈迈德,其中的一个重要原因是:被他重复写了100遍的坚定信念所折服,认可了他给斯坦福大学带来的无可匹配的价值。

坚定的信念,能让人坚信还没有看到的未来;坚定信念的回报,能让人看到坚信未来的实现。正如著名演员陈坤所说:"虽然信念有时薄如蝉翼,但只要坚持,它会越来越厚,如船夫手上的茧子,磨厚了就好使了。"

最难考的大学为何录取他

2016年2月16日清晨,重庆外国语学校高三一班学生何琦骁打开了电脑,点开了纽约大学阿布扎比分校的申请网页,耐心地查看自己是否被录取。

5点58分,何琦骁惊喜地发现,自己的申请状态变成了新生,并看到了录取通知书。他兴奋地大喊:"妈,我被录取了!"随后,他坚定地说:"即使收到其他世界名校的录取通知书,包括哈佛大学的录取通知书,我也不会改变这个最理想的选择了。"

何琦骁完全具备保送进入高校的条件,也完全具备选择世界排名更靠前大学的条件,可他为什么对这所办学时间不长、位于阿联酋的纽约大学阿布扎比分校情有独钟呢?

因为纽约大学阿布扎比分校的录取率,比哈佛大学还要低。比如2012年,该校的申请成功率为0.9%,哈佛大学的申请成功率为7%。因此,该校被誉为世界最难考上的大学之一,被誉为"神一样的大学"。

因为纽约大学阿布扎比分校与纽约大学共享所有资源。所有教师都拥有博士学位,其中1/3来自纽约大学优质教师团队,1/3来自招聘,1/3来自世界名校的客座教授。所有这些教师,上岗之前都必须在纽约大学"培训"一年。

因为纽约大学阿布扎比分校为每位学生提供的优厚奖学金,远远超过哈佛大学和麻省理工学院。在该校学习4年，何琦骁可获得30.4万美元的全额奖学金，约合200万元人民币，其中包括伙食费、住宿费、海外旅游、课外活动、医疗保险、交通费、零花钱，还包括每年两张回家的往返机票。学校还会考虑物价上涨和美元汇率的因素，逐年增加奖学金。这就意味着，他去留学，不用花父母的一分钱。该校是2007年由阿联酋王储筹建的，所有费用均来自阿联酋政府。雄厚的财政，能保证每一名被录取的学生绝不会因费用问题而辍学。

因为纽约大学阿布扎比分校的学生除了在本校学习外，有近一半的时间在纽约大学位于其他国家的分校学习。这些城市包括美国纽约和华盛顿特区、加纳阿克拉、德国柏林、阿根廷布宜诺斯艾利斯、意大利佛罗伦萨、英国伦敦、西班牙马德里、法国巴黎、捷克布拉格、中国上海、澳大利亚悉尼和以色列特拉维夫等。

何琦骁说："这是一所非常国际化的学校，学生来自世界110多个国家，课程很开放，鼓励学生去尝试和探索，这是我非常喜欢的。"不错，他在那里读书，相当于拥有：中国背景＋中东4年经历＋美国高等教育＋世界一流大学的学历＋流利中文＋流利英文＋世界各地的朋友＋全球校友网络。

当然，我们更关注这样一个问题：何琦骁为什么会被纽约大学阿布扎比分校顺利录取呢？

因为何琦骁有良好的品德。他从5岁开始，背诵了《论语》《三字经》《弟子规》和上百首古诗。他母亲说，这些经典对他的成长影响深远。这使诚实、好学、尊师、积极、善良及对社会的责任感等种子，在他的心田里生根、发芽，并茁壮成长。

因为何琦骁是学霸，学习成绩一直名列前茅。6岁半进入小学至今，学习成绩一直名列年级前五。他小升初获35000元奖学金，被保送进入重庆外国语学校就读；高中继续保送进入该校，免除一切学杂费，学校每年为他提供5000元的奖学金。有人说："他是英语词霸。"托福考试的满分是120分，他考了112分。

因为何琦骁有特长，充分展示了数学方面的天赋。他酷爱数学，除了刷题，还爱读关于数学的理论书籍、数学家传记，甚至找来数学孤本研究。在学校，他成立了数学分享会。在家里，他常常与理工大学毕业的爸爸比拼解数学难题。高一的时候，他研究出一个计算方法，能计算出球体的表面面积。班主任王习建老师说："在数学方面，他一直展示着霸气和才华，高二、高三两次获得全国高中数学联赛二等奖。他对数学已由'学'上升到了'研'，在很多问题上都能提出独到的见解。"

留学指导老师赵冰强调说："几乎每个考生都想方设法在中学完成申请材料中十分重要的一些社会实践活动，但何琦骁没有。他一直坚持做喜欢的事，学数学，学托福。"在赵冰老师看来，神校之所以录取他，最主要的原因是欣赏他出类拔萃的数学特长。

ⓒ蒋光宇　2017

图书在版编目（CIP）数据

前半生拿得起，后半生放得下 / 蒋光宇著. —沈阳：辽宁人民出版社，2018.1
　ISBN 978-7-205-09155-2

　Ⅰ.①前… Ⅱ.①蒋… Ⅲ.①人生哲学—青少年读物 Ⅳ.①B821-49

中国版本图书馆CIP数据核字（2017）第275954号

出版发行：辽宁人民出版社
　　　地址：沈阳市和平区十一纬路25号　邮编：110003
　　　电话：024-23284321（邮　购）　024-23284324（发行部）
　　　传真：024-23284191（发行部）　024-23284304（办公室）
　　　http://www.lnpph.com.cn
印　　刷：辽宁奥美雅印刷有限公司
幅面尺寸：140mm×210mm
印　　张：7
字　　数：180千字
出版时间：2018年1月第1版
印刷时间：2018年1月第1次印刷
责任编辑：阎伟萍
装帧设计：留白文化
责任校对：高　辉
书　　号：ISBN 978-7-205-09155-2
定　　价：25.00元